U0336179

选择学
择会

CHOOSE
POSSIBILITY

SEEK CHANGE,
TAKE RISK , AND THRIVE

在不断的冒险中成就自我

（Sukhinder Singh Cassidy）
〔美〕**苏克辛德·辛格·卡西迪** 著
陈燕华 译

机械工业出版社
CHINA MACHINE PRESS

本书认为，生活是由一系列的选择组成的。如果其中一个选择结果不好，尤其是经过仔细考虑的选择，你该怎么办？你如何才能相信你的决策能力并做出下一个正确的选择？当突然间，你所冒的风险没有成功时，你如何说服自己继续冒险？长期的成功来自于处理众多的选择，这些选择的目的是优化未来的可能性。在本书中，作者将告诉我们如何成为一个选择者，并阐述了提高风险承担能力的策略，降低你对失败的恐惧，并扩大你的可能性。另外，作者还提供了一种对待冒险和实现长期成功的全新方式。

CHOOSE POSSIBILITY by Sukhinder Singh Cassidy

(Copyright © 2021 by Sukhinder Singh Cassidy)

Simplified Chinese translation copyright @ 2022 by China Machine Press

Published by arrangement with author c/o Levine Greenberg Rostan Literary Agency through Bardon-chinese Media Agency

ALL RIGHTS RESERVED

北京市版权局著作权合同登记　图字：01-2021-4926 号。

图书在版编目（CIP）数据

学会选择：在不断的冒险中成就自我/［美］苏克辛德·辛格·卡西迪著；陈燕华译. —北京：机械工业出版社，2022.5

书名原文：Choose Possibility：Seek Change，Take Risk，and Thrive

ISBN 978-7-111-70519-2

Ⅰ.①学… Ⅱ.①苏… ②陈… Ⅲ.①选择学–通俗读物

Ⅳ.①C934-49

中国版本图书馆 CIP 数据核字（2022）第 072904 号

机械工业出版社（北京市百万庄大街 22 号　邮政编码 100037）

策划编辑：坚喜斌　　　　　责任编辑：坚喜斌　侯振锋

责任校对：张　薇　　　　　责任印制：李　昂

北京联兴盛业印刷股份有限公司

2022 年 6 月第 1 版第 1 次印刷

145mm×210mm·8.375 印张·3 插页·175 千字

标准书号：ISBN 978-7-111-70519-2

定价：69.00 元

电话服务　　　　　　　　　网络服务

客服电话：010-88361066　　机　工　官　网：www.cmpbook.com

　　　　　010-88379833　　机　工　官　博：weibo.com/cmp1952

　　　　　010-68326294　　金　书　网：www.golden-book.com

封底无防伪标均为盗版　　机工教育服务网：www.cmpedu.com

感谢父母，是他们不断给予我爱和希望

没有什么是绝对的，一切皆有可能。

——玛格丽特·德莱布尔（Margaret Drabble）

序　言

在我的职业生涯早期，当作为共同合伙人创立的一家公司失败时，我的职业导师将他事业失败后收获的心得分享给我，"成功和失败之间只有一线之隔。当你成功时，千万不要认为自己像别人口中那般优秀。当你失败时，也不要认为自己像别人说得那样不堪"。

听君一席话，胜读十年书。职业导师的话在我如意的时候勉励我，在我受挫的时候抚慰我。因此，当我发现我的朋友苏克辛德·辛格·卡西迪比我的导师更成功时，别提我有多高兴了。苏克辛德在《学会选择：在不断的冒险中成就自我》这本书中分享了她在硅谷成功的职业生涯里建构的成型的冒险框架。在这一框架的基础上，人们敏锐地意识到应该区分成功与失败的界线。苏克辛德不仅观察到了分界线并解释了它存在的原因，她还帮助我们更好地理解如何将这种智慧付诸实践，逐梦而行。

事实上，我们很少意识到成功和失败之间的密切联系。失败是痛苦的，它威胁着我们的自我，以至于我们发现不可能从失败中真正收获成功的果实。我们无法理解我们考试失败的课程、没有跟上潮流的初创公司以及我们所从事的不太成功的工作所带来的好处。相反，我们会惊慌失措，故步自封。这本书将指引你从挫折或失败中重振起来，帮助你蓄势待发，继续成长。苏克辛德向你展示了如何"振作起来，掸掉灰尘，披甲上阵"。

怀揣着同理心，苏克辛德探索了如何管理失败的自我风险法（ego risk）。如何才能让人们远离这种最危险的恐惧？例如，当我刚写完《激进的坎多尔》（*Radical Candor*）时，有人告诉我："你不应该出版这本书。这本书里的观点让你看起来十分愚蠢和不可靠。"如果我想继续前进，就必须克服过去那种害怕自己被当作傻瓜的恐惧感。最终，我成功了。即使人们真的认为我书中的故事很可笑，我还是坚持完成了我的写作。苏克辛德提供了一种思考失败的自我风险法，并介绍了其如何运用，以便人们更轻松地采取积极行动来应对困难。多么希望我当时就有她的这本书啊！

当然，失败和被拒绝的风险给人们造成的影响是因人而异的。刚从大学毕业，我就有了一个非常明确的职业目标：我想在莫斯科工作，致力于解决军队改制问题，我有个想化剑为犁的奇特想法。因为从目前来看，这个领域的研究成果并不算多。不久，我在俄罗斯智库找到了一份工作，写了一篇关于军队改制问题的论文，但收入微薄——每月仅6美元。同时正好有一家美国公司也在致力于研究该项目，可我始终没有收到他们的答复。

经过寻觅，我得到了那家美国公司的地址，我大胆地走进门去，毛遂自荐。对我来说，求职不具有较大的风险，因为我已经找到了一份保底的工作。我的风险只是自我风险——踏入该公司的大门没有对我自身安全构成任何威胁。因为我有特权，当然这对于其他应聘者来说是不公平的。

　　我的经历与美籍印裔肖恩·贾亚钱德兰（Shaun Jayachandran）的经历形成了鲜明的对比。当肖恩走进世界银行询问实习机会时，警卫们用枪指着他。几十年过去了，每当提起这段记忆，肖恩仍然会泪流满面。但这段经历也加强了他承诺致力于让世界更具公正性的决心。如今，肖恩成为篮球和学术跨界学院（Crossover Basketball and Scholars Academy）的创始人兼总裁，这是一个专门为所有印度学生提供教育机会的美国本土国际篮球项目，申请者不受社会经济地位的限制。肖恩将可能变成了现实。他的选择对很多人产生了积极的影响。

　　希望你通过阅读《学会选择：在不断的冒险中成就自我》，学习苏克辛德从容面对失败的方法和策略，汲取她的智慧。愿你能够从成功和失败中吸取经验和教训，以梦为马，不负韶华。

——金·斯科特（Kim Scott）

前　言

　　你是否经历过对自信心构成多重打击的艰难求职过程?那是1992年的秋天，当时我22岁，前一年5月毕业于加拿大西安大略大学艾维商学院。我所有的朋友基本上都在著名的投资银行和咨询公司任职，但我没有。因为我在大四那年去国外做交换生，错过了大部分的校园招聘季。交换生项目结束后，我争分夺秒地争取面试机会。为数不多的几次面试机会都没有收到任何结果。毕业时，我不得不在安大略省伦敦市大学城做着和去年夏天一样的临时工——为一家酒店安排会议预约。然而，与此同时，我的朋友们已经开始了他们向往已久的职业生涯。

　　我决定再试一次，所以我继续留在伦敦市大学城参加秋季校园招聘。我徘徊在招聘比我低一级学生的公告栏前。终于，我得到了几份含金量高的面试机会——分别来自高盛（Goldman）、麦肯锡（McKinsey）、摩立特（Monitor）——但最终都石沉大海。高中时我成绩优异，在大学里，我仍然轻而易举地取得了优异的成绩。而现在，我在人生中第一次感受到成功的遥不可及。已经求职9个月了，我独自躲在出租房里，不断地在脑海中回放着每一次失败的求职经历。我感到十分焦虑和沮丧。

由于对未来充满迷惘并不知所措，我不停地查看求职公告栏，以寻求新的就业机会。有一天，我看到一家名为克拉里奇投资有限公司（Claridge investment, Ltd.）的私人投资公司正在招聘一名工商管理专业的硕士毕业生（MBA）担任助理。我不具备申请这份工作的资格——我没有工商管理硕士学位，几乎没有任何工作经验，比大多数在读的研究生至少要小4岁，对什么是私募基金也知之甚少。而克拉里奇是一个大公司，总部位于蒙特利尔，是布朗夫曼家族（Bronfman family）的投资部门。布朗夫曼家族是加拿大最富有、最具影响力的财团之一。

虽然自知希望渺茫，但我仍然选择背水一战。我再次发送简历至克拉里奇投资有限公司，打电话给招聘经理（该公司的合伙人），并留下语音信息。两个星期过去了，意想不到的是他竟然打电话给我，问我是否愿意飞到蒙特利尔参加一个简短的面试。"当然可以，我非常乐意。"我强压着内心的激动回答道。我心里在想，刚刚发生了什么？

刚到蒙特利尔，我就被这座国际化大都市的繁华与喧嚣深深地震撼了。克拉里奇公司的办公室也给我留下了深刻的印象——富丽堂皇的装修，价值连城的艺术品收藏，以及办公室窗外迷人的城市景色。与合伙人的面试进行得十分顺利，当他邀请我参加下一轮面试时，我简直难以置信。在临近告别的时候，我不禁问道："您为什么给我面试的机会？我完全不符合招聘的要求啊？"

他笑着说："当我听到你的语音留言时，我非常欣赏你的音质和展示自己的方式。因此，我决定给你一个机会。"

后来，我又参加了几轮面试，与工商管理专业的学生一起参加了为期六周的严格考察，完成了案例研究和模拟练习。但是，最终我没有得到这份工作——他们还是决定聘用一名工商管理专业的毕业生。我感到非常失望（不过这个结果也在情理之中），但这次面试也给我注入了重生的动力。我的求职过程依然很艰苦，但与常规求职的挫败感相比，这次"逼近成功"的求职经历成了令人称奇的亮点。从某种意义上说，这次尝试虽然失败了，但它给我带来了一种前所未有、更有意义的回报，极大地提升了我的信心并让我继续坚持求职。经过几次波折（稍后会详细介绍），几个月后我在纽约市的美林证券（Merrill Lynch）找到了梦寐以求的工作。志向未泯，奋斗不止。

如今我是全球创业和财富创造中心硅谷的一名技术主管、企业家和投资者。在过去的 23 年里，我创办了 3 家公司，担任了两家公司的首席执行官，并助力于世界上最大的两家科技巨头谷歌和亚马逊的成长。我曾以员工、领导者、投资者或董事会成员的身份在十几家公司供职，为猫途鹰（TripAdvisor）、爱立信（Ericsson）、美国平价服饰品牌 Urban Outfitters 和美国中档服饰品牌 J. Crew、美国时装电商平台 Stitch Fix、美国网贷平台 Upstart 和有机食品配送公司 Sun Basket 等公司提供数字服务，还帮助资金链断裂、破产重组、鲜为人知的初创公司进行融资重组。我很幸运，我创建的一家互联网金融初创公司 Yodlee 上市成功，并带领另一家全球最大的门票交易公司 StubHub 取得了数十亿美元的销售额。当看到一家倾注了我所有心血、汇集了优秀广告短片的视频电商网站 Joyus 倒闭时，我很伤心。我还天真地加入了两个并不适合自己的机构——OpenTV 和雅虎旗下的时尚 DIY 导购网站 Polyvore。

简而言之，在我的职业生涯中，我一直努力拼搏，时而成功，时而失败。我一路披荆斩棘，也帮助其他人化险为夷。尽管我也曾经历过一些重大而痛苦的失败，但冒险从方方面面都给我带来了巨大的职业回报——财务、情感和声誉。不断冒险也教会了我一件我希望所有人都能领会的事情——风险并不是你想象的那样。

令人望而生畏的风险神话

许多人对风险本身具有与生俱来的恐惧感，这在情理之中。根据定义，风险是一种危险的情况，面对风险，人们可能遭受"损失或伤害"。当然，如果规避风险能使我们免于遭受严重危险或无法弥补的伤害，那么规避风险是有必要的。尽管如此，为了更快地成长并取得成功，我们必须愿意尝试并接受新的挑战。因此，冒险的潜力使我们对进步和成就的希望与自我保护的需要对立起来。通常情况下，自我保护会占据上风。

有些关于冒险和成功的神话只会平添焦虑。最根本的问题是，我们倾向于将冒险视为人们采取的离散的、巨大的、彻头彻尾的疯狂行为，而且这些冒险行为通常不得善终。比如，从飞机上跳下来，用 40 万美元去创业，或与 3 周前在手机社交软件上认识的人结婚。在某种层面上，对日常风险的认知似乎是合理的——由表及里，成功人士似乎一直在做重大的非线性举动。然而，当我们认为这就是冒险的全部时，问题就出现了。我们错误地将冒险假设成一次飞跃，这次飞跃有可能成就我们，也有可能毁了我们。如果一定要实现飞跃，那么这个飞跃一定得是巨大的，否则我们不会得到太多回报。如果不是在大峡谷里走钢丝，我们还不如放弃这次旅行，待在家里。正如海伦·凯勒（Helen Keller）所说，"生活要么是一次大胆的冒险，要么什么都不是。"

正如我所说，单一选择的神话给我们带来了巨大的压力，迫使我们在通往荣耀的道路上必须做出最正确的选择。这个单一选择的神话还引发了其他相关神话，我认为这些神话同样不合理。因为风险似乎无处不在，我们应该积极防备以降低风险，甚至完全消除风险。我们努力设计出"最完美的计划"，当然这种计划是凤毛麟角的。为了进一步帮助我们应对风险，我们给自己打气说如果有足够的热情和十足的努力，同时执行过程也足够顺利，我们就一定能找到控制结果的方法。如果失败了，我们的自尊心会受到巨大的打击，因为我们会归咎于自己。此时我们会蜷缩成一团，比以往任何时候都缺乏信心去再次冒险。当我们成功时，别人会给予我们所有的荣誉，把我们当作勇敢的征服者。虽然大家都想独占鳌头，但我更希望山顶的空间能够属于大家。

大多数情况下，单一选择的信念会阻止我们冒任何风险。看着成功与惨败之间巨大的不确定的鸿沟，面对风险，我们认为最安全的做法是袖手旁观，不采取任何行动。当下一个冒险的机会出现时，我们就会立即行动起来。但事实上，当下次风险来临时，我们并没有采取行动，因为我们发现自己再次陷入另一个神话引发的焦虑，循环往复。来自硅谷等地的大量冒险的故事已不足为奇，推特（Twitter）中大大小小的标题并没有减少我们对风险的恐惧，而是强化了冒险的神秘性和奇异性。人们越是崇尚冒险，大部分人就越容易望而却步。

选择可能性

我们应该把自己从零和博弈的风险观中解放出来。事实上，风险与收益是休戚与共的。几十年前，我申请了一份与专业不相关的工作，这算不上什么重大风险。这是我在追求找到一份"真正的工作"的过程中进行的一次小小的赌博。虽然这次赌博没有像我希望的那样得到回报，但它产生了预料之外的巨大积极效果。我获得了信心的提升，这激励我继续抓住机会，直到另一次冒险得以成功。现在回想起来，整个求职过程就像一次漫长而曲折的成败之旅。尽管自始至终我都在努力工作，但我的付出并不总会得到最大的回报。有时，我只是被好运多眷顾了一点而已。

冒险本质上具有不确定性，我们做出的任何选择可能都不会像我们预期的那样成功。冒险的魅力在于随着时间的推移，许多大大小小的选择会串联在一起产生系统性的影响和预见，这些影响和预见能够为我们未来的选择提供参考信息。正如爱默生曾经说过的："所有的生命都是一场实验。实验越多越好。"我们知道，每一个选择都给我们提供了从结果中借鉴或学习的机会。我们能够卸下成败系于风险一身的恐惧。冒险并不像我们想象的那样与危险一线之隔。冒险是一个持续的过程，我们应该不卑不亢，前赴后继。我们每个人都可能遭遇失败，但每个失败的个体经验却会提升整体成功的概率。

　　我把这个过程叫作选择可能性。我们不是想让巨大的风险令我们裹足不前，而是要通过大大小小的风险在实现目标的道路上渐入佳境。我们不能自负地急于求成。我们要深思熟虑，坚持认为每一个选择都有助于开启下一个可能性。我们通过长期的不懈努力取得了成功，就像劈波斩浪的帆船驶向了终点。虽然我们可能会比周围不愿冒险的人承受更多的失败，但我们也会拥有更多成功的可能性。

　　你将会在这本书中看到，当你把冒险看作是选择可能性的过程时，失败就失去了它固有的恐惧感。通过熟练掌握选择可能性的过程，我们将会迎来一个成功的赛季，而不会过于担心任意一场比赛的结果。即使冒险失败，你也能受益匪浅。即使你遭受了一连串的损失，但最终结果还是赢了。

三思而后行

　　在技术层面，我们大部分人能够将冒险理解为一个逐步走向成功的迭代过程。我们知道即使像苹果这样的大公司所发布的产品也依然是不完美的，因此它会在后续的一系列版本中增加新的功能、设计新的元素。我们承认像优步（Uber）这样的公司也需要为寻找更大的商机而转型成拼车服务，而不是坚持做豪华轿车租赁应用程序，或者像亚马逊这样的在线销售商需要历经 20 多年的发展才成长为全球商品品种最多的网上零售商和屡获殊荣的公司。

然而，个人层面对冒险的看法一直冥顽不化。如果想扩大冒险所带来的长期影响，我们必须采取新的方法。我们需要学会选择可能性，以减轻对每一次选择的恐惧，同时增强持续选择可能性的能力。掌握正确选择的能力不仅对个人的成功至关重要，而且对在日益充满活力和不确定的时代找到一条繁荣之路也至关重要。即使我们选择不去冒险，风险还是会在我们身上"发生"。

心理学家发现，我们都相信有一种控制生活的力量，称为"控制点"。研究表明，我们相信当我们能够更好地掌控外力或命运时，我们会更加成功、更加健康、更加幸福。学会选择可能性让我们对生活有更好的掌控感，包括在动态环境中能够更稳定、更有力。"自由和自主对我们的福祉至关重要。正确使用自由和自主也至关重要。"心理学家巴里·施瓦茨（Barry Schwartz）发现，随着我们周围环境变化的不断加快，旧的工作、行为和思维方式正在逐渐消失。事实证明，固执己见将使我们在心理预期和职业发展中付出越来越大的代价。我们遇事需要深思熟虑，需要更加灵活的应变能力，以便做出恰当的选择。

我写这本书的初衷就是帮助人们学会选择。冒险的神秘感令我感到沮丧，尤其是在科技行业的泡沫环境中，要学会从外部发觉风险扩张的趋势。所有雄心勃勃的人都相信，只有世界上最强大、知名度最高的冒险者才能从扩张的风险中获益。这纯属无稽之谈。回顾我的职业生涯，我总结了一些实用的经验教训，包括如何持续地化解风险以实现增长，以及可以实操的具体策略，以便尽早地规避风险而进行更大的有计划的尝试。无论你是想通过承担更多的风险来增加你在工作中的贡献，还是想在职业生涯中做出更大的改变以实现质的飞跃，本书中的内容都会对你有所启发。你将学会如何在职业生涯中起步，变得更精明，并取得回报。生活中的选择权是一种特权，如果我们拥有选择权，就应该行使好它。

有时，我们主动通过选择寻求成长。有时，我们会对周围的机制和权威做出回应，包括具有挑战性的偏见和不平等的遭遇。不管怎样，我们可以从大量的反馈中做出选择。如果我们幸运地发现有大量的可能性，不进行选择就会浪费这些可能性，而许多人却迫切地需要这些可能性。如果获得可能性是一件困难的事，那么我们就需要不遗余力地去争取，哪怕希望微乎其微，也要另辟蹊径，向前迈进。

长久以来，我们将风险浪漫地比拟成一座山峰，一座需要我们鼓足勇气去攀登的山峰，因为风险也会为我们提供通往顶峰的直接路径。然而，这种比拟非但没有促使我们去开始攀登，反而让大多数人情愿留在大本营。我自身的经历教会我一些不同的理念。冒险不仅仅是冒险家的专利，任何人都有冒险的权力。如果你一直在努力前进，现在正是评估你的风险观的时候。

不要铤而走险，我们只需要让自己行动起来。选择不是让我们变得强大或完美。我们只需要不断地通过选择各种可能性来历练我们的处世方式。比如，申请不太可能成功的工作机会，加入比赛并持续拼搏等。起初我有宏大的职业抱负，但对如何实现它却知之甚少。事实证明，我不需要宏大的计划，也不需要承担未然的风险，我只需要根据事件的进展逐步做出从小到大的选择。随着时间的推移，我不断地在各种可能性中做出不够完美的选择。你也可以尝试。

苏克辛德·辛格·卡西迪

目　录

01

第一部分

启　航

如果需要击败可能产生的所有反对意见，那么任何事情都不能够被尝试。

——塞缪尔·约翰逊（Samuel Johnson）

第一章
放弃英雄之旅

　　你是否因为处于生活或事业的瓶颈期而倍感压力，不得不做出选择？我的姐姐尼基（Nicky）正处于这种困境之中。2010 年，她在郊区的购物中心开了一家眼镜店。她与生俱来就有一种博爱和奉献的精神，甘于为患者服务。她对小本经营的事业和为数不多的员工感到无比自豪，她把员工当作家人一样对待。十年来，生意一直兴隆。但是，最近却因外部环境的改变而陷入困境——商场客流量下降，本地竞争加剧，越来越多的顾客选择在网上购买眼镜。

　　由于雇佣成本并未减少，尼基经营的眼镜店每年的利润都在减少，她不得不未雨绸缪。与此同时，店面租约要求她每天营业至晚上 9 点商场关门。她的丈夫是一家国际公司的高管，大部分时间都在出差。她的两个儿子奔走于运动场和学校之间，忙得不可开交。大多数晚上，尼基 10 点左右到家，然后给两个饥肠辘辘的儿子准备晚餐，辅导他们完成作业，凌晨一两点钟才能上床睡觉。日复一日，年复一年。

　　出于对她健康的担忧，我敦促尼基重新考虑她的选择，比如关闭或出售她的眼镜店，重新找一份工作，让另一位医生收购她的店铺，或者寻找新的租金低的地点去开眼镜店。尽管疲惫不堪并且压力重重，尼基仍然维持现状。她还是在购物中心经营着自己的店铺。她已经拥有了庞大的客户群体，在库存和设备上投入了大量资金，并组建了一支以她为核心的团队。"我在创建这家眼镜店时冒了很大的风险。"她说，"当然，我也可以做出改变，但在别人的企业打工对我来说可能会是一个更大的错误。那意味着我将放弃我苦心经营的一切。"另起炉灶太可怕了。

尼基觉得身负重担，因为将来的一切都取决于摆在她面前的选择——成败在此一举。在无意识的情况下，她已经把自己交给了"单一选择"的神话（见图 1-1）。我们很多人都容易掉进单一选择的陷阱之中。我们努力开辟一条新的道路，因为摆在我们面前的决定似乎十分重要。我们认为，冒险是一个较大的举动，我们担心糟糕的选择会造成毁灭性的结果。当我们已经在努力应对一个挑战时，我们的焦虑会加剧，即使我们暂时平稳或取得成功，焦虑依然有增无减——我们不愿放弃已经取得的成就。因此，我们紧握双手，夜不能寐，绞尽脑汁，寻找出路。即使目前的情况持续恶化，我们仍然决定原地不动，除非迫使自己做出一个完美的选择以避免毁灭。当我们认同"单一选择"的神话时，做出冒险的行为就会变得更加困难。

心中的英雄

我们为什么经常以消极的方式记忆风险？我们将成功人士视为英雄，他们在通往伟大的史诗般的旅程中冒着巨大的风险并克服了困难。将这种想法运用到日常生活中，我们会认为我们必须经历巨大的风险才能取得伟大的成功。相反，我们会比在其他情况下更畏惧不利因素。我们认为，如果我们抓不住机遇，潜在的胜算越多，失败的可能性就越大。

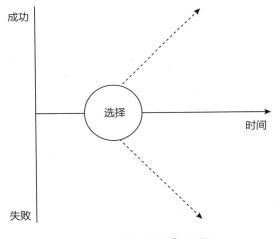

图1-1 "单一选择"的神话

我们的人生阅历强化了上述想法。学者们在古代神话和民间故事中发现了关于英雄事迹的叙述，并发现这些神话和故事对现代的小说、电视剧和电影中的情节仍然有影响。约瑟夫·坎贝尔（Joseph Campbell）在他的经典著作《千面英雄》（*The Hero with a Thousand Faces*）中写道："在现实世界里，无论在任何时代和任何情况下，人类的神话都在蓬勃发展。它们一直体现着人类身体和心灵活动中幻想的鲜活灵感。"坎贝尔将成就英雄的过程解读为一段通向自我发现和转变的史诗般的旅程，在这段旅程中，英雄发现了真实的自我，并与危险擦身而过。"一位英雄从平凡的世界冒险来到一个充满超自然奇迹的地区，他在那里得到了难以置信的力量，并赢得了决定性的胜利。英雄从这场神秘的冒险中回来，将神秘力量赐予了他的同胞。"从宏观层面来看，为了获得成功而面临巨大挑战或危险是成就英雄的整体框架。

然而，通过仔细观察，你会发现英雄的旅程不仅仅是经历一个巨大的风险。事实上，根据坎贝尔的说法，英雄一路上要面临大大小小的风险。他们离开平凡的世界进入一个不为人知的特殊世界，踏上成为英雄的旅程。英雄会追随引路人，经历一系列考验以测试自己的技能。但在日常歌颂英雄的过程中，我们往往无法识别或应对英雄所经历的风险的细节和层次。我们仍旧将成就英雄的过程视为单一、巨大的风险。

人们发现，从本质出发，具有不确定性的前景是可怕的。"不确定性就像担心火箭燃料失灵一样，让人感到忧心忡忡。"一位参考了诸多相关主题科学研究的观察者写道。"不确定性让人们看到威胁无处不在，同时也让人们更有可能对这些威胁做出情绪化的反应。"心理学家认为，对未知的恐惧可能是人类最基本的恐惧，或者就像一位学者所言："不确定性是支配一切的恐惧。"有人推测，不确定性会让人们感到不安，因为它将使人们在做决策时应对更多的复杂性。

任何风险都具有不确定性。如果你相信一切都取决于一个重大选择，那么不确定性将会极度地放大你的不安。尼基觉得自己的未来充满不确定性——她无法预知自己冒的所有风险是否会有回报。依尼基本人之见，她的成功取决于她的决定。

强化单一选择的神话效应的最后一个心理因素与我们对损失

的感知有关。正如行为经济学家丹尼尔·卡尼曼（Daniel Kahneman）和认知心理学家阿莫斯·特沃斯基（Amos Tversky）的著名论断，人们对失去已经拥有的东西的恐惧，比获得潜在但不确定的收益带来的刺激更为强烈。如果你已经把冒险视为一种高风险的单一赌注，那么潜在的负面影响就是巨大的。加之你本身对损失的厌恶，负面影响可能会显得更大，以至于你根本无法承受风险。

多种选择成就事业

尽管"单一选择"的神话可能会造成严重后果，但其实你可以很容易地消除它。当你下次观看带有清晰的英雄成长情节的电影时，花点时间复现英雄在成功路上所冒的风险。你会发现，英雄会历经很多大的和小的、成功和不成功的冒险经历。同样，如果你仔细观察成功人士的职业生涯，也会发现，成功通常是跨越了许多大小不同的风险而逐步奠定的。你还会发现，一个人的全面成功通常来自于多次失败的积累以及一路披荆斩棘的历练。成功人士倾向于重复自己成长的方式，也就是通过同样的失败和成就。

实现梦想就是要将无论是否明智的一系列大大小小的选择串联起来。在将近 30 年的职业生涯中，我做出了至少 23 个选择。表 1-1 归纳了我职业生涯中最重要的十几个选择。从中可以看出，有的选择成功了，而有的选择以失败告终，但失败的选择并不影响我的整体职业生涯的蓬勃发展。随着时间的推移，我并未囿于有限风险的局限，得以成功实现了更多的梦想。

表 1-1 我的主要职业选择

主要职业选择	风险等级	时间
分析师 美林证券（Merrill Lynch） 英国天空广播公司（British Sky Broadcasting）	★	1993 ~1997
未被雇佣 硅谷（Silicon Valley）	★★	1997
经理 OpenTV	★	1997
经理 荣立公司（Junglee）/亚马逊	★	1998 ~1999
合伙人/高级副总裁 Yodlee	★★★	1999 ~2003
董事/副总裁/会长 谷歌	★	2003 ~2009
离开谷歌	★★★	2009
首席执行官 时尚服饰搭配推荐购物平台 Polyvore	★★★	2010
合伙人/首席执行官 视频电商网站 Joyus	★★★	2011 ~2017
合伙人/主席 数据库 the Boardlist	★★	2015 ~
天使投资人	★★	2011 ~
会长 门票交易公司 StubHub	★	2018 ~2020

如果你发现自己害怕看似巨大的风险，那么可以对你目前的生活或职业进行类似表 1-1 的分析。你可能会发现，到目前为止，你的成功并不是来自一个单一的大风险，而是源于许多风险，其中包含大量的小风险。

当意识到自己的职业道路、你认识或崇拜的人具有复杂性时，你会注意到不同数量的冒险排列都会解锁你或他们当前的成功水平。我们倾向于将通往成功的"轨迹"理想化。如果你想成为一名成功的律师，你必须进入一所顶尖的法学院，然后在纽约一家大型律师事务所获得暑期实习职位，然后在其中一家律师事务所找到一份永久工作，然后努力成为合伙人。如果你想成为一家大公司的首席执行官，你需要积累一些原始的商业经验，然后取得工商管理硕士学位，继而在一家大公司找到一份工作，兢兢业业地持续奋斗。尽管这些传统的"轨迹"可能会让我们感到欣然，但也会让我们感到恐惧。因为成败似乎都取决于你做出的一个或几个"重大"选择：你在哪个法学院读书，或你毕业后找到的第一份工作，或你是否接受当前公司授予你的具有更高风险的新角色。

一两代人以前，有些所谓的关键选择可能对职业发展至关重要。但好消息是，如今通往成功的传统道路已经不再像过去那么重要了。千禧一代和 Z 世代（Gen Zers）正在通过"兼职"或在行业间跳槽的方式，打造个性化、非传统的职业道路。在一项针对女性商业领袖的研究中，大约 86% 的女性认为，非传统的职业路径对她们的成功十分重要。如果你因为在通往成功的道路上迈出了非传统的一步而感到压力很大，不要过分担心。如果我坚持了我的 23 个重要决定，或者将职业生涯进行重新排序，我可能早已成为首席执行官或技术领导者。

一些首席执行官的成长之路是基于"工作经验、工商管理硕士学位、诱人的工作机会和自强不息"。这类职业路径是老生常谈，但却越来越罕见。一位观察家称安佳丽·南（Anjali Sud）为"非线性职业大师"，尽管其获得了哈佛商学院和沃顿商学院的学位，但她仍然在成为高清视频播客网站维密欧（Vimeo）首席执行官的过程中经历了多次失败。正如她自己所说："从投资银行到玩具买家，再到尿布在线营销，最后到维密欧做营销，如今我成为梦寐以求的维密欧首席执行官。"在成长的过程中，她不断利用现有资源创造新的机会。例如，当亚马逊聘请她作为业务开发的实习生时，她利用这一机会得到了成为一名销售人员的机会，进而获得了营销部门的职位。她告诉人们"你的一举一动都会影响你的职业道路"。她希望人们能够理解"机会无处不在。如果我能尽早地吸取以上经验，我可能会更加从容应对。"

研究证明，用一种更自由流动的方式来打造职业生涯是明智的。正如一位对数位首席执行官跟踪长达十年的研究者所指出的，那些比其他人更快登上最高职位的领导者，"他们并不是因为拥有完美的血统而加速登上最高职位，而是通过在职业生涯中做出大胆的职业变动，从而让自己登顶。"大胆的职业变动包括为了获得新技能或新经验而接受一份不起眼的工作，接受一份毫无准备的工作，或者解决一个影响较大但不受欢迎的商业问题。其他研究发现，拥有多种工作经验的人比在单一专业或业务职能范围辛勤工作的人进步更快。其中，包括领英

（LinkedIn）对数十万从事管理咨询工作的人进行的一项大型研究。正如《纽约时报》（*New York Times*）的一篇文章所报道的，对于希望成为首席执行官的人来说，"最曲折的道路才是最快捷的成功之路。"

从开始冒险到事业成功的旅程跨越了不同的时期（见图 1-2），每个时期我都怀揣着雄心壮志。每个时期我都做出了一系列的选择，以帮助我朝着计划中的野心迈进，从而产生一系列结果。随着时间的推移，每一个新的时期都以现在看似合乎逻辑和预先计划的方式向前发展。但随着事件的展开，每个时期似乎又不是那么清晰。

冒险的原因

1992	技能培养与学习	1997	创业抱负养成	2003	领导力与技能培养	2009	首席执行官与创业抱负	2017	更好的领导力和影响力	2020
	第一章		第二章		第三章		第四章		第五章	

图 1-2　简略过程

成长或者离开

只要你承担的职业风险产生了某种积极的影响（稍后我会详细介绍），它就会推动你前进，提高你的技能，并开辟出比以前更多的潜在机会。即使一个给定的选择导致失败，失败的结果仍然能为你指明新的道路，让你到达梦想的地方。事实上，在所有职业选择中，风险最大的可能是看起来"最安全"的那个：故步自封。德国诗人歌德说得好："生命的危险是无限的，其中包括安全。"

一方面，如果你目前的处境已经在恶化，那么原地不动只会让情况更糟。生活可能会出现这样的局面：即使不想冒险，我们也别无选择，最后只能冒险。另一方面，如果你已经取得了一点成功，但又设定了一个更大的目标，那么原地踏步只会让机会成本不断增加。当你在原地徘徊时，你无法像同龄人一样快速收获新的技能，这会使得你在未来的竞争中变得越来越处于劣势。正如我的多次发现，即使冒险失败，你也能比停留在不再具有挑战、更舒适的环境中得到更多成长。

在面试求职者时，我经常让求职者说出他们职业生涯中最大的遗憾。奇怪的是，大多数求职者不会把失败归咎于自己的失败，而是归咎于自己没有创办的业务、没有把握的工作机会、没有推出的服务、没有解雇的员工等。我们可以从面试结果中得到重要启示。

研究表明，从长期来看，即使是在组织层面，保持一成不变的公司也比积极求变的公司更容易失败。麦肯锡的合伙人克里斯·布拉德利（Chris Bradley）、贺睦延（Martin Hirt）和斯文·斯密特（Sven Smit）在《突破现实的困境》（*Strategy Beyond the Hockey Stick*）一书中分享了对一些公司长达50年的研究才得以确定的哪些因素促使公司取得了长期、非线性的成功。正如他们的研究发现，公司能够长期成功的最大因素是通过兼并和提高生产率等举措来持续增长和发展的。正如作者所说，"不求变可能是最危险的策略。"对公司乃至个人来说：故步自封，不进则退。

停止幻想，一切从实际出发

2010 年至 2011 年，尼基的月收益持续下降。尽管商场里越来越多的店铺都关门了，但她的房东仍然拒绝降低租金，并迫使她将租期再延长 3 年。2012 年 12 月，经过多次电话交谈后，我和尼基同意花一个周末的时间一起研究她公司所有的财务报表，详细地确定新的业务选择，并利用电子表格建模。经过周末的分析后，尼基明白了她目前的选择"让她付出了多大的代价"，以及从理论层面其他可能的选择在过去和情感上是如何堆砌起来的。她同意同时采取多项措施来进一步探索其他选择。

在接下来的几年里，尼基断断续续地采取了一些措施。她开始调研其他诊所的位置，但是发现其他地方从距离上对她或患者都不太方便。寻找一个新的地点会有很大的风险，而且会给她带来昂贵的装修费用。与此同时，她将继续承受作为一名企业家的压力。尼基听说有的地区缺医生，但都与她的业务范围不匹配。2015 年，尼基拒签了房东提供的长期租赁协议。她与房东重新协商了一份短期租赁协议，按月付款，这样她将来就可以灵活地采取行动。她的房东同意了。这是近年来尼基第一次尝试新的选择。尼基开始进入一种摆脱现状的状态。

2017 年年初，我们的一次谈话终于让尼基如释重负。她比以往任何时候都更担心商场业绩下滑。于是，尼基做出了一个大胆的决定：与其坐以待毙，不如主动出击。尼基暂停了眼前的工作，给自己回旋的空间，来把所有精力投入到做出最有利于她和患者的新选项中。停止营业，以让她的患者意识到将有一个令人生畏的想法产生。她明白只有背水一战，才能有所突破。很明显，当她摆脱现在的处境后立即感到一身轻松。

慢慢地，她开始对未来满怀期待。她还让朋友圈里的人知道，她终于开始有所突破了。一个朋友告诉她，她家附近新开了一家医疗诊所，这是一家利用风险投资开办的大型合资医疗公司，该公司在整个地区开设了分店。每家分店都提供综合医疗和验光服务，该公司正在寻找合适的验光师，并结合当地情况进行本土化建设。

尼基到这家合资医疗公司进行面试。她告诉面试官，在17年的运营中她已经拥有了稳定的患者来源。这一点使尼基的印象分大大提升。她和面试的这家公司签订了一份双赢的合同，开始了合作关系。尼基接受这笔交易不仅是因为经济上的吸引力，而且她还可以在离家更近的地方工作，每周可以合理地安排自己的作息，并且还能继续为她现有的患者服务（甚至提供更全面的服务）。尼基冒险关闭了位于购物中心的店面，打开了一条通往实现新可能的道路。幸运的是，她做到了。在经历了多年的压力和纠结之后，她意外地得到了前所未有的机会。

尼基的成功不是一蹴而就的。相反，她在几年时间里从各种各样的选择中积累经验，利用她企业家和验光师的经验，以一种全新的方式开启了一种全新的职业可能。尼基终于摆脱了对"单一选择"的恐惧，获得了开启下一段旅程所需的勇气、灵活性和动力。

如果你一直在努力前进，现在是时候评估你的风险观了。单一选择的神话，阻止我们在充满挑战和选择比比皆是的时候采取行动。它误导我们最好什么都不做，而实际上，无动于衷可能是最冒险的举动。它让我们始终停留在想象中的英雄之旅，使我们远离真实的生活。幸运的是，只要我们愿意让自己行动起来，实际上使我们朝着目标前进的选择和选择组合的数量是无限的。打破单一选择的神话才是真正的开始。

行动指南

- 大部分人认为，一个重大的选择决定了最终的成功或失败（单一选择的神话）。
- 事实上，职业生涯需要经历一系列大大小小的风险和选择。一系列的风险与选择造就了成功。
- 职业发展过程中最大的风险是无所作为。成长或者离开！

第二章

激活冒险精神

　　如果你想了解冒险的基本原理，没有比从事销售更好的方法了。我自己的销售经历开始于 1989 年的夏天，大学第一学年结束后，我回到家乡加拿大安大略省的圣凯瑟琳市，找到了一份暑期工作。之前我一直在父母的医务室工作，我的父亲想让我继承祖业，但我却有其他想法。那年夏天，我想自食其力，找一份家族事业以外的工作。我浏览了当地报纸上的招聘启事，申请了一些小微企业的秘书工作。最终，当地空气净化用品品牌过滤皇后（Filter Queen）直营店雇我当客服，自此我开启了一条新的职业道路。

　　如果你没听说过过滤皇后，没有关系——我之前也没听说过。20 世纪 80 年代，过滤皇后是真空吸尘器界的劳斯莱斯，拥有"专利旋风系统"和漂亮的配件，能够做到不留死角。虽然很多家庭主妇知道这个设备的优点，但也有更多的人不是很了解，所以他们不明白为什么要花几百美元的高价去买这样一台吸尘器。为了帮助人们了解产品，销售人员选择上门演示。销售人员要让人们相信，如果没有过滤皇后，他们的生活将会十分糟糕。

入职的第一天我就大开眼界。我走进了一栋不起眼的大楼，看不到任何关于公司的标志。然后，我走向办公室前台一套破旧的桌椅，这就是我的工位。约翰（John）是店长，开着一辆漂亮的绿色捷豹。他的办公室就在我的办公桌后面。没有任何岗前培训，约翰就让我给客户打电话，没过多久我就自学成才了。在我的右边，另一个同样空旷的小房间里摆放着几套桌椅，桌子上堆着一摞黄页目录。四五个销售人员正在竭尽全力地创造奇迹。

加里（Gary）和莎拉（Sarah）是一对夫妻，他们经常带着刚出生的孩子来上班。莎拉会花几个小时打电话预约客户，然后加里负责去做演示，并完成销售。唐尼（Donny）是一名年轻、骄傲的推销员，他有一双蓝色的眼睛，笑容灿烂，充满魅力。唐尼是为数不多的能完成销售任务的人。办公室里每周都会有新进的销售人员，每个人都试图靠电话推销为生。有的人成功了，但大部分人都失败了。

销售本身非常重要。从早上9点开始，每个推销员都会打开电话簿，给完全陌生的人打电话，试图说服他们抽出45分钟的时间在家里见证过滤皇后的魔力。有的电话接通后，推销员还没说几句话就被挂断了。销售人员会拨打很多号码，但不久就会发现被拉黑了。有时他们拨通电话并滔滔不绝地讲完后就被挂断了。有时他们拨通一个号码并说出所有的推销语但不被客户所接受，他们就会再说出其他理由，然后还是被挂断。

我也不得不亲自处理相当数量的客户投诉，客户认为过滤皇后名过其实、不值此价。但到了夏末，我突然对这个古怪的群体肃然起敬，我也是群体中的一小部分。这些销售员每天为了谋生不得不放下自尊，一次又一次地直面拒绝，以期获得最终的成功。许多人连一次失败都不敢面对，但这些人每天仍然愿意抓住小小的机会去冒险，并学会将这些小失败抛至脑后。虽然在过滤皇后的工作条件十分艰苦，但也不乏乐趣。

学习销售，暂时告一段落。直到大学期间，我才继续学习了销售，并开创了自己的小事业。上学期间，我开始在当地的购物中心从事零售工作。第二年夏天，我开始帮助安大略省伦敦市（我在那里上大学）的一家酒店向企业推销会议室。我负责电话推销，订单成交。我想每天冒点险，日积月累，有所作为。就像我在过滤皇后的同事一样，我也积累了一些敢于冒险的底气，特别是在克服对销售和拒绝的恐惧方面。我一次又一次地应对了冒险的挑战。虽然历经多次失败，但也取得了不少成功，最终成为一名出色的销售人员。

如果你想要打破单一选择的神话，一个行之有效的方法是在日常生活中养成承担较小风险的习惯。在更大、更刺激的机会来临之前，多加练习。你不必寻找一份销售工作，但你必须要有意识地寻找冒险的理由，以便将来能够得心应手。埃莉诺·罗斯福（Eleanor Roosevelt）建议我们："每天做一件让你害怕的事。"我觉得一次冒一点险，并不断重复，就是锻炼冒险能力最好的方法。

重新定义风险

正如我们所看到的，风险的定义暗含着随之而来的损失。我相信大多数人对风险的看法是一样的——风险具有潜在的危险。有趣的是，一种更为中性的风险定义是——为了达到目标而进行的危险或冒险的行为或事实。在承认任何行动都存在不确定性的同时，这个简单的定义也将同样的注意力引向大多数冒险行为的积极目标。我们每天都有大大小小的机会去冒险以实现目标。

无论我们处于生活的哪个阶段，先承担微小的风险可以让我们为承担更大风险做好准备，以取得更多的成就。我们不需要通过想象迫在眉睫的危险或巨大损失来开启通往可能性的旅程。我们更不应该等到当我们需要为生活做出至关重要的决定时才去冒险。我们可以从现在开始，从小处着手，追求最简单的积极目标。

回首往事，我觉得自己从小就接触到了一种常规和积极的风险观。风险观的形成远早于我第一次涉足销售领域。为此我要感谢我的父母——辛格博士（Dr. Singh）和冒险者阿鲁瓦利亚（Ahluwalia）。也许你很难联想到我的风险观的形成与我的父母有关。在我出生之前，我的父母冒了很大的风险从非洲搬到了加拿大。在非洲，他们成功地建立了联合医疗服务机构，并拥有了优质的生活水平。搬家后，他们必须重新认证医疗资质，并在一个新的国度白手起家。而且即使在加拿大定居，他们也只能过着寻常百姓的生活，成为一家规模不大的医疗机构的老板。我在安大略省圣凯瑟琳市一个小镇的中产阶级家庭长大，我父母的主要任务是为每个孩子提供良好的教育。

然而，我的父亲是一位企业家，也是一位相信可能性的梦想家，他潜移默化地让我接受了冒险及其好处的早期教育。从我8岁左右他教我纳税的那一刻起（是的，你没看错），我就明白了经营小企业不是一种固有的冒险和神秘的行为，而是一种不断冒险的重复过程。有的风险很小，比如当他试图为他的医疗办公室建立医疗服务中心品牌时，消费者还远未理解品牌医疗服务的含义。有的风险则比较大，比如他抵押贷款买了一栋可以容纳多个诊室的新办公楼，希望建立该地区的第一家免预约诊所。（在这项创新开始流行以及许多新的大型医疗公司初具规模之前，他就已经做了整整 10 年。）

从宏观角度来看，这些冒险行为所取得的成果中有几项并没有像父亲想象的那样成功——父亲从未实现过商业上的巨大成功。但我对父亲的永恒记忆是——他是一个易于满足的人，他善于在追求可能性的过程中抓住大大小小的商机。他从不和我谈论冒险——他也没必要这么做。作为一个企业家和小企业主，他追求可能性就如家常便饭一般。他在把握机会方面既务实又雄心勃勃，这也塑造了我的世界观。

铤而走险

即使我们的生活完美无缺，我们也要发现机会并承担较小的风险，以加速我们的成长，锻炼我们承受风险的能力。回顾我的童年经历和职业生涯，我总结出了大多数人冒险的四个简单原因（见图 2 - 1）。

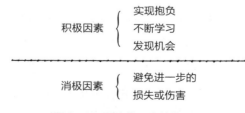

图 2 - 1　冒险的四个简单原因

当我们发现自己处于一个稳定或积极的位置时，我们可以把冒险当作催化剂来发现新的机会，开启新的学习，或者实现雄心勃勃的目标。我把这种冒险行为称为上进，它可以帮助我们在制订宏伟计划或没有制订宏伟计划时，获得更大的职业收益。

假设你的工作还算体面。你对即将到来的职业选择有一个模糊的概念，但不确定它们真正意味着什么。抓住小机会去发现新机会是冒险的开始。尝试与可能帮助你的人交谈。在销售方面，我希望通过与团体或公司进行探索性的对话，最大限度地提高成功机会。我们可以做一些类似的事情，比如参加我们想了解的领域的会议，或在领英上邀请某人进行简短对话，以发现趣味性和可能性。

当生活相对美好时，冒险的第二个原因是为了学习和成长。我们一直被灌输的观念是，所有的冒险都是为了实现特定的、宏伟的抱负。但是，利用小的机会来加速学习本身就是一个值得追求的目标，它可能会开辟更长远的成功之路。父亲不断地在生活中进行尝试，花费少量的时间和金钱来满足他天生的好奇心。他痴迷于投资、金融市场和创新，他会仔细研究报纸上的股票行情，在我还不知道什么是科技行业之前，他就已经打电话给经纪人汤姆（Tom），让他买一些美国在线（AOL）的股票。我经常会看到父亲在修修补补，无论是拆开烘干机向我们展示它的工作原理，还是看看他是否可以将它重新组装起来，或者帮我在乡村车库举办的二年级科学展览建立一个人眼工作模型（你应该可以猜出建模的大部分工作是谁做的）。

无论遇到什么状况，在成长过程中我都得到了相同的信息：

尝试新事物的显著优势是增加知识储备。结果并不重要，重要的是你是否有能力走出去，尝试并学习一些新鲜事物。为了学习新的技能或加入新的行业，我接受了一些新的挑战，通常是没有更高薪酬或更高级别的横向调动。横向调动的经历不仅增强了我的领导能力，而且在很多方面也给我带来了从未幻想过的职业机遇。

最后，在实现你已经预设的宏大而具体的目标之前，你需要养成一种冒小险的习惯。我的朋友亚当·扎巴（Adam Zbar）是有机食物外送公司 Sun Basket 的联合创始人兼首席执行官，他向我讲述了他的职业生涯，尤其是在 20 多岁时做的一个重要决定。亚当在顶级咨询公司麦肯锡完成了一个为期两年的分析师项目后，该公司提出为亚当支付攻读工商管理硕士学位的学费，并在他毕业后为他提供更高薪的职位。当时亚当已经被芝加哥大学商学院录取了，所以答应麦肯锡的邀请顺理成章。然而，亚当在麦肯锡学到了很多知识，他意识到"生活中大多数事情都是困难的，只有少数是有趣的"。因此，他想追求他所热爱的、与讲故事和电影制作有关的职业道路。最终他拒绝了麦肯锡公司的慷慨邀请，而是选择了追寻自己的梦想去电影学院深造。

由于去电影学院攻读硕士学位的决定意义重大，因此亚当在朝着目标前进的过程中仍然冒了一些较小的风险。由于缺乏电影制作方面的学术背景，他意识到如果马上申请，他肯定进不了心仪的学校，所以他决定以旁听生的身份参加部分课程，并在一到两年的时间里制作一个作品集。回到曾度过一段童年时光的犹他州后，亚当报名参加了犹他大学的一个创意写作班，为自己在讲故事方面打下坚实的基础。之后，亚当搬了两次家：第一次是为了在明尼阿波利斯市的剧作家中心学习戏剧写作，第二次是为了在纽约大学旁听研究生水平的课程。一直以来，亚当都是靠做兼职管理顾问来维持生计。当他觉得自己终于积累了足够多的经验时，亚当申请了加州大学洛杉矶分校的戏剧电影电视学院，这是美国最好的电影学院之一。亚当在那里获得了电影制作的艺术硕士学位。这一系列较小的风险帮助亚当建立了信心，为他日后承担更大的风险做好了准备。

当然，并非所有的冒险都是出于积极的原因。比如，就像我姐姐尼基那样，有时我们需要抓住机会来逃避困难或恶化的情况，因为维持现状会给我们带来更多的痛苦或损失。在这种情况下，我们不能直接跳到一个巨大的风险中，而是首先需要承担较小的风险，循序渐进，这样就不会一蹶不振。还有一些背水一战的风险，这些风险让我们不再担心进一步的损失，因为已经没有什么可以失去了。具有讽刺意味的是，困难的情况往往比稳定的情况更容易激活冒险行为，正如一句流行的格言所说：我们不应该"浪费一个好的危机"。

早期和经常：乘数效应

一旦你持续经历了许多小的风险，你就会发现，随着冒险能力的提高，承担风险变得越来越容易。我们没必要成为天生的冒险者，人生中的磨砺就足以让我们承担一定的风险。有的冒险行为会成功，有的则不会。当为了学习或发现而冒险时，我们甚至能学会怎样减少挫败感以及不再畏惧失败。当我还是个孩子的时候，一些小小的失败都会让我郁闷一会儿，比如在课堂上因为发言出错而受打击。但后来，当我开始尝试更多的小机会时，我不再在意失败带来的挫败感。当我开始给陌生人打电话时，我对拒绝的忍耐力增强了。早期和习惯性的冒险教会我们正确地看待失败，让我们去追求更多、更大的冒险。

早期和习惯性的冒险会随着时间的推移使冒险变得更容易，因为冒险的经验能够帮助我们在面对最新的议题时变得越来越明智。当我们追求任何目标，尤其是雄心勃勃的目标时，第二次、第三次和第四次尝试的成功率会更高，因为有之前的经验做铺垫。我们认为最初的小尝试就是积极或消极的信号，当我们面对更复杂或更大胆的决定时，我们会将先前的信号作为参考。当我们追求简单的目标时，冒点小风险就能快速得到问题的答案。这样我们就能有效地将注意力转移到其他更需要密切关注的领域。然而，原地不动，我们将一无所获。

一败涂地的好处

虽然我们可以而且应该冒一些较小的、积极的风险来养成冒险的习惯，但一次巨大的失败也可以迅速地提升我们冒险的能力。我有一个叫吉娜（Gina）的朋友，她是一家非常成功的软件公司的联合创始人兼首席执行官。她高中时辍学了。她这么做不是为了开一家软件公司，成为亿万富翁，而是源自学业成绩的彻底失败。她的学业成绩都是不通过和不及格，父母的严厉批评丝毫不起作用。在辍学后的几个月里，吉娜在自己的房间里玩电子游戏、看书，并思考她的未来该何去何从。据她回忆，父母给她施加了巨大的压力，要求她在学业上取得好成绩，这让她感到窒息。她已经走投无路了。"在某种意义上，我觉得自己已经跌到了谷底。"她回忆道，"我不可能重新振作起来以优异的成绩申请大学。"

惊恐万分的父母说服吉娜去欧洲的一所寄宿学校上学。在寄宿学校学习了两年后，吉娜回到家乡继续完成高中学业。高中毕业后她申请了大学，但几乎所有的名牌学校都拒绝了她，只有一所学校除外。她在那所大学表现出色，获得了计算机科学学士学位，甚至作为一名跑龙套的球员加入了女子篮球队。毕业后，她和一些大学朋友在一家科技初创公司做软件工程师。两年半后，吉娜积累了一些基础的科技公司创业的知识。2008年，吉娜辞掉工作，与一位大学朋友合伙开了一家公司，并最终取得了成功。

吉娜在高中的挣扎和在寄宿学校的时光并没有为她后来的成功奠定基础——接触计算机科学、数学和编程，她早已被这些学科所吸引。吉娜曾经的失败经历，反向增加了她后来对冒险行为的接受度。对吉娜来说，如今的每一次失败都像通往未来成功的窗口。她说："我总是在想，我该如何把当前不利的局面扭转为有史以来最好的结局。""可能需要30年时间来扭转局面，并且扭转局面的转折点将成为里程碑。"作为一名企业家，她的经历证实了这种对待失败的态度的价值。"我们经历过很多次失败，但我们都挺过来了。我们从失败中吸取了教训，并因此而变得更加强大。"吉娜高中时的失败并没有让她放弃冒险。事实恰恰相反：失败的经历鼓励吉娜去冒更多大大小小的风险。

随着时间的推移，揭开失败的神秘面纱，这帮助吉娜在人才济济的团队中怡然自得。当谈及吉娜的篮球生涯时，她说在每个级别的比赛中，在她效力过的所有球队中，她都是"最低水平的球员"。当她达到一定的水平时，她会冒险晋级到下一个水平的球队中。在更优秀的球队中，她会发现相较于队友，自己又是如此平庸。她所就读的大学是美国大学体育协会（NCAA）最重要的大学篮球试点学校之一。她是球队里实力较弱的球员之一，整天坐在替补席上。但是，至少她仍然是篮球队的队员，能够通过与精英运动员一起练习提高自己的技能和知识。后来，当她在业余时间打休闲篮球时，她意识到自己虽然不是职业篮球的选手，但相对于普通人来说，她已经成为一名非常强壮并经验丰富的球员。因为她能够接受失败，所以她可以和更好的选手相处，以期提高自己的技能。无论你的目标是什么，养成敢于冒险的习惯，培养正确对待失败的能力，可以反过来帮助你承担更多风险，加快你的成长速度。

如果你曾经想知道知名企业家为何能在一个有创意的想法上冒数十亿美元的风险，成功的专业人士如何鼓起勇气放弃成功的事业去尝试全新的东西，或者攀岩者如何能独自面对世界上最危险的岩石，现在你应该知道答案了。他们经历的最大的风险不是第 1 次，而是第 50 次甚至第 500 次。敢于冒险的人能在第 1 次也是唯一一次击球时就击中大满贯，这不是规律，而是极端的例外。你今天看到的那些冒巨大风险的人，一直以来都在冒着较小的甚至不易察觉的风险。早在人们有意识之前，敢于冒巨大风险的人就已经在冒险方面积累了大量经验。

如果你对新的职业机会感到好奇，那就和五个相关的人建立联系。如果你在一家公司供职，要冒着听起来很愚蠢的风险作为代表在会议上发言，可以先私下询问大家都在独自思考的问题。如果你有一些储蓄，并且对某些公司或行业有着浓厚的兴趣，那就投资一部分现金到股票市场中，试着用知识创造更多的经济回报。

我的朋友拉什玛·萨贾尼（Reshma Saujani）是畅销书《勇敢而非完美》（Brave, Not Perfect）的作者，她通过从事体育运动和其他体力锻炼来训练冒险能力。每隔一两个月，她就会为了体验而去尝试一项新的运动。她曾尝试过冲浪，尽管她并不适应冲浪："我不会游泳，我不喜欢冷水，我不喜欢做我不擅长的事情。"她还去上舞蹈课，成为唯一一名混迹在一群20多岁的柔韧女孩中的40多岁的妇女。成功的关键是继续冒险，直面崭新或不熟悉的事物的冲击。正如她所言，冒险并不是做得越多就越容易，而是做得越多就越有趣。她认为，冒险"会让人感觉活力满满，也会让人感到时光匆匆"。

比任何冒险都更重要的是我们每天都要恪守承担小风险的承诺。如果你处在一个相对安全、较有保障和相对积极的环境中，那么你就处于冒险的最佳位置，此时是成长的罕见机遇。但任何时候都是冒险的好时机。随着知识的不断积累和处理小问题方面的实践增多，我们变得更加擅长选择可能性。当我们真正做出一个重要选择的时候，我们早已准备就绪。

行动指南

- 尽早承担小风险会帮助你积累冒险的经验，并带来综合收益。
- 与其只关注潜在的损失，我们还可以将风险重新定义为我们所做的决策，从而为我们提供相当大的上涨潜力。
- 我们选择冒险有四个主要原因：实现抱负，不断学习，发现机会，以及避免进一步的损失或伤害。

Chapter 03 | 第三章
多管齐下的力量

如果你认为在你能够有效地承担风险之前，你必须无休止地做准备或对目标有绝对的了解，那么我要告诉你一个故事。在整个学生时代，我清楚地知道怎样才能成功。但当我即将大学毕业时，我发现自己完全不清楚下一步该做什么。就连我所确定的雄心壮志——成为一名享有盛誉的投资银行家或管理顾问，结交权力人士，客户都是首席执行官，并且享受高薪——也只是一个模仿者的目标。由于我最亲密的朋友和许多同学都在找这些领域的工作，因此，不知道自己该做什么的我觉得自己也应该找类似的工作。

真希望我以前就听说过这些职业，而不是在我开始找工作之前才对它们进行深入了解。真希望我在大学里早就开始了实现这一目标的准备步骤，比如加入经济俱乐部或辩论俱乐部，用班长之类的领导职位来充实自己的简历，或者在一家跨国公司做暑期实习生。事实上，在担任过滤皇后的秘书以及在当地从事零售和酒店销售期间，我几乎没有积累过任何与同龄的佼佼者竞争所需的令人印象深刻的成就。同龄佼佼者们的教育和职业生涯几乎完美地相辅相成。但我没有那么卓越的履历。

1993年的秋天，我的焦虑情绪十分严重，我感到非常沮丧，因为我在前一年6月的毕业季没能像其他毕业生一样找到工作。虽然克拉里奇的面试经历暂时提振了我的信心，但到11月底，我还是没有找到梦寐以求的投资银行或咨询公司的工作。我再次感到自己处于失败的边缘。到了12月我终于转运了，但也只是一点点好运：我终于收到了位于多伦多的加拿大投资银行道明银行（TD Bank）的工作邀请。即使与我的预期相去甚远，但我还是接受了这份工作。虽然我很高兴能够找到一份工作，但年轻懵懂的我仍然觉得自己技不如人，也没有完全达到自己的预期。我计划几周后搬到多伦多，但我对此仍不满足。

就在我不满足于现状的时候，我收到了朋友伯特伦（Bertram）的来信。他当时居住于纽约，在美林证券公司工作，那是华尔街最大、最具进取精神的投资银行之一。当美林证券公司还没有在加拿大的大学进行校招的时候，伯特伦就设法以自主招聘的方式进入了该公司。他听出了我话语中的沮丧，鼓励我再次尝试争取在国际性投资银行工作的机会。"把你的简历发给我，我会转发给人力资源部门。你不会有任何损失。"有过克拉里奇的面试经历后，我知道伯特伦的想法是对的，所以我丝毫没有犹豫。同时，我也明白收到任何回应的机会十分渺茫。

一两个星期过去了，我在12月中旬出乎意料地收到了一封回信。美林证券的业内人士建议"如果你在纽约，欢迎你来公司面谈，以了解更多有关公司的信息"。

我坐在父母位于圣凯瑟琳乡下老宅的餐桌旁，叹了口气说：

"好吧，就这样吧。"

"发生了什么?"父亲问道。

"又一次被拒，这次来自美林。"我把信递给父亲。

"这不是拒绝，"父亲说："这是对你的邀约。"

"爸爸，这只是出于礼貌。他们只是走走过场。如果他们真的想要聘用我，人力资源部门会让我飞到纽约进行一次真正的面试。"

父亲把信还给了我。"也许你是对的，但我仍然建议你买一张去纽约的火车票，并与美林证券的工作人员面谈。"父亲和伯特伦一样提醒我，我已经没有什么可以失去的了，而且父亲并不在意我已经拥有了一份工作的事实。简而言之，父亲在鼓励我去冒险。

两周后，我来到了美林证券位于曼哈顿下城的总部，就在双子塔的正对面。在30分钟的面试进行到大约15分钟时，招聘人员问我是否愿意多留一些时间，与她的一名同事见面。我同意了，当天面试结束时，我得到了参加超级星期六的邀请，这是美林证券竞争激烈的多轮审查过程中最艰苦的最后一轮。来自美国精英学校的尖子生会聚集在美林总部，在超级星期六的下午进行高压面试和练习。不知何故，我绕过常规程序获得了一个梦寐以求的机会，能够与人中翘楚同台竞争一个在华尔街享有盛誉的公司工作的机会。

超级星期六将在一个月后举行。在进行心理准备的同时，我也开始了在多伦多的工作，供职于道明银行。鉴于我对当前工作缺乏热情，我决定同时寻求多个就业机会，所以我并没有止步于对美林证券的尝试。如果我不能实现在一家全球领先的投资银行工作的梦想（在多次失败后，我担心自己无法实现），我就会去追求其他雄心勃勃的目标。我仍然不知道我想要从事什么样的行业，而且不满足于只拥有一个让我兴奋的选项。我开始把精力投入到挖掘新的机会上。在重新燃起的斗志中，我首选了三个备选项：加入加拿大外交部、上法学院或注册医学院。我秘密地申请了麦克马斯特大学的医学项目，尽管我从未参加过美国医学院入学考试（MCAT）或任何大学的课程，但基于我的总体学术成绩，我成功地获得了面试机会。

我还参加了加拿大的外事服务考试，并顺利通过。得到了2月在渥太华的面试机会。我也参加了法学院入学考试，但开考后5分钟我就离开了考场，因为我意识到我永远都不想做一名律师。现在回想起来，我应该早几个月，也就是在我开始找工作和准备入职的时候就系统地探索这些选择，但是晚做总比不做好。我发现自己有了新的考虑，这让我松了口气，而且探索的过程也证实了我对美林证券是真的感兴趣。

1月中旬，我又坐火车去了纽约，参加了超级星期六的活动。虽然竞争激烈，但我还是积极地参加比赛，比赛结束后自我感觉良好。显然，美林证券的招聘人员对我也比较满意。几周后，在一个寒冷的冬天的晚上，当天恰好是我23岁的生日，第一次在美林证券面试我的面试官亲自打电话给我，向我提供了一个全职分析师的职位。如果我有兴趣的话，可以在6月入职。我激动得几乎无法控制自己。经过一年的奋斗，我终于找到了梦寐以求的工作。"我非常期待在美林工作。"我抑制住激动的心情，回复道。我已经做好准备去迎接职业生涯中这个激动人心的新篇章，同时追求多种途径的求职模式增强了我对选择的信心。

我立即取消了渥太华外事服务部门的面试。如果我能告诉你我还拒绝了医学院，那就更好了。但事实上是，我最终没被医学院录取。我想肯定是我在回答对医学的热爱时的答复，使面试官决定另请高明。

通往成功的道路是一个不断冒险的过程，不要误以为成功只青睐那些有远大抱负或清晰目标的人。在我们还没有确定自己想要什么之前，冒险的最有效途径之一是同时尝试多种选择，以找到答案。在销售的过程中，销售人员通常会尽可能地创建最宽的"漏斗"来吸引潜在客户，同时抓住多个机会去发掘其他可能性。在生活中，你可以做一些和销售思路类似的事情，即同时在不同领域冒一系列的小风险。通过有意识地探索来尝试各种机会和风险，这能够帮助你在做重大选择时提前确定目标，可能最终会有意料之外的收获以及更多的参考信息。如果你已经确定了目标，可以利用这段选择的时间，以十分之一、百分之一甚至是千分之一的概率尽可能多地预留选择的余地，说不定其中的某个备选项会成为现实。

在整个职业生涯中，我一直在使用这种基于发现的冒险或多管齐下的方式来发现和明确我的目标，也让自己尽早开始追求这些目标。我从这些方法中受益匪浅，它可以让我使机会最大化，也可以通过同时下多个赌注来最大限度地降低风险，并遵从内心去追求目标。只有在你确切地知道你想做什么时，才会萌生放弃冒险的想法。冒险可以帮助你发现和确认目标，并为实现目标开辟崭新、不可预见的路径。

多管齐下

从表面上看，人们对同时追求各种风险的策略似乎驾轻就熟。金融专业人士通常试图通过创建包括高风险和低风险资产类别的多样化投资组合，为投资者提供最佳回报。承担多重风险可以最大限度地增加投资机会，同时降低投资的整体风险。同样，当家长为孩子报志愿并带孩子参观校园时，辅导员会鼓励他们同时申请多所不同层次的学校，这样做可以最大限度地提高录取的概率，降低落选的风险。在工作中，许多人都倾向于使用创造性的问题解决技巧，这些技巧要求我们在解决问题时探索各种各样的方法。在对可能的解决方案进行排序和做出有效的决策之前，这是至关重要的一步。

尽管创造性无处不在，但可悲的事实是，我们在职业规划时往往忽视了这一点而过早地限制了选择。研究表明，选项过多会让人感到应接不暇，手足无措。为了避免不适，我们会很早就做出选择，然后积极地执行单一计划来实现目标。行为教练、心理学家和其他倡导专注力的人会强化人们单一选择的能力，这样会让人们的视角从一开始就被局限。倡导专注力训练的人认为，如果不约束自己、集中精力，我们就会变得行为涣散、漫无目的，尤其在实现目标时容易意志力不坚定。

在我们选择了一条既定的行动路线后，专注于一个目标并坚持不懈地去追求它固然重要。但是，如果我们在选择之前花时间探索所有潜在的机会路径，我们就会取得更好的结果。除了识别或验证总体目标，并发现成功的多种途径外，多管齐下还可以降低风险。通过使努力方向多样化，我们降低了只走单一行动道路可能会面临的风险。我们需要像销售员一样，以同样的精神乐观地追求最高概率和最低概率的机会。我们还需要对四两拨千斤的行为持有怀疑的态度。在任何新篇章开始时，广泛的探索不但不会让我们有什么损失，还会让我们有很多收获。

不仅如此，多管齐下的方式还会机缘巧合地创造全新的、意料之外的机会来帮助我们实现目标。我之所以能得到梦寐以求的工作，是因为我在找工作的过程中不断尝试。尽管最初我持有怀疑态度，但我最终也对伯特伦和父亲的鼓励做出了积极的回应。

最后，发现新的机会和多管齐下还提供了重要的情感收益。如果在追求更大风险的选择时也追求更安全的选择，我们就可以在务实的同时怀揣雄心壮志和希望。当需要确定目标和计划时，我们可以利用通过多管齐下的方式获得的信息来给予自己更多的信心。在遵循既定路线之前，冒点小风险也能让我们更早行动起来，让我们有一种志在必得的动力。一旦我们做出了重大的、重要的选择并告诉别人，我们就会感受到巨大的压力，因此通过冒险使机会最大化可以让我们感到自由。当我们花时间去学习、尝试新鲜事物，并作为发现过程的一部分去追求长远机会时，我们会允许自己失败，因为我们还没有做出最终的选择。

从零到一

许多企业家都在采取多管齐下的方式来创造惊人的结果，无论是对他们个人成长还是对公司发展来说（很多时候，两者可以相提并论）。手机购物平台托帕特（Tophatter）的创始人阿什文·库马尔（Ashvin Kumar）回忆说，他2008年开始创业，当时他和一位朋友辞去工作创办了一家科技公司。辞职创业本身就是一个巨大的风险，他们还面临着一个同样重大的问题：采用哪种技术作为业务基础。他们没有开发单一的应用程序或功能，也没有开发单一的市场，而是准备开发一系列应用程序或功能，然后根据使用情况来进行商业推广。"我们真的不知道要制作什么。"他说，"我们只知道自己在致力于创造一些东西。我们真的很希望建造一艘有明确目的地的船。某种程度上我们很享受这种感觉，我们不用过于担心我们到底在建造什么。"

阿什文·库马尔和他的朋友发现两人都喜欢电子商务，于是花了大约18个月的时间，打造、测试并推出了20多种产品。这些都是小风险——因为不需要太多资金的投入就能快速推出产品（这是利好消息，因为他们没有太多资金）。有的实验毫无意义，但这并不重要。在追求可能性的过程中，两人不断地打磨自己的技能，发现自己的兴趣："我们试图找到自己喜欢做的事，找到自己有毅力去攀登的山。在这个过程中，我们了解了自己，了解了哪些市场是有潜力的。每一次实验都让我们取得了进步。"阿什文·库马尔和他的朋友都知道，他们不能永远停留在实验阶段，他们必须在某个时刻做出决定——推广某一产品。但他们并没有确定具体的结束日期，而是继续工作，定期互相检查以了解对方的体验，以此来确定研发期的长短。

2009 年，阿什文·库马尔和他的朋友的一项发明引起了投资者的关注。Blippy 是允许人们在亚马逊或者 iTunes 等网站上与朋友分享购物信息，并查看朋友购买喜好的社交网站。投资者向这个项目投了数百万美元，这样阿什文和他的朋友就可以雇佣一个团队，继续深度开发这个产品，直到上市。不幸的是，他们没有抓住机会。维持了一年光景后，阿什文和他的朋友又回到了研发环节。无奈之下，他们多管齐下，以寻找机会。他们整合了从 Blippy 和以前的实验中积累的数据和经验，历时 9 个月，推出了手机购物平台托帕特（Tophatter）。这款产品从一开始"就具有其他产品所没有的魔力"。功夫不负有心人。阿什文·库马尔和他的朋友做出了前所未有的尝试。由于他们已经完成了漫长而繁复的研发，如今终于可以自信地继续前进。

你可能也听过类似的故事，并担心一旦进入"发现模式"，将永远无法退出。年复一年，你会寻找各种可能性，寻找"完美"的选择，并且永远不会放弃现在的选择。你可以通过提前设定明确的最后期限来避免跌入发现模式的陷阱。通常，需求会给你设定一个时间限制。我给了自己一年的时间去努力争取梦想中的工作，但由于经济原因和履历因素，我无法长期坚持寻觅。

如果你循序渐进地追求机会，你将会面临更大的风险。当在一段较长的时间内连续进行选择时，你会更容易否定每一个选择，因为你期待着难以实现的"完美选择"。当你积极地多管齐下，把更安全、更有风险的赌注放在一起来一探究竟时，选择和信息就会以更加快速、连绵不断的方式涌向你。最终你会建立一种信念，认为你已经"看得够多了"，可以通过做选择来感受改变的动力。

在二十五六岁时，我的朋友乔纳森（Jonathan）获得了法律专业的学位，并在一家一流的律师事务所担任助理。几个月后，他意识到自己每天都要从事繁杂的苦差事，他也无法接受自己要在一家律师事务所花上几年的时间才能得到晋升的状况。正当前途渺茫时，乔纳森利用在大学里建立的人际关系，在各行各业寻觅面试机会。他的法律背景使他具有谈判能力，因此他得到了在科技公司的发展机会，他还考虑做一名体育经纪人（他一直是一名铁杆体育迷）。乔纳森还研究了第三种选择：为企业的兼并和收购制定战略。与此同时，当他的一位客户打电话问他是否考虑加入该公司的法律部门时，第四个选项意外地来临了。

在花了几个月的时间研究职业成长路径和可以获得的具体机会之后，乔纳森决定进入科技公司。业务开发领域不仅比其他选项更能引起他的兴趣，而且他还了解到，过渡到这个职业并找到一份较好的职位花费的时间较少，且不需要接受多年的额外培训。相比之下，他需要数年积累才能建立起体育经纪人的职业路径。从事公司内部法务工作不需要太多额外的培训，但也无法激发他的热情。通过多管齐下地求职，乔纳森能够将不同的机会进行比较。他觉得自己有足够的能力去做选择，所以他毫不犹豫地迈出了第一步。

像大师一样得心应手

这些年来，我越来越擅长多管齐下。我学会了放长线钓大鱼，学会了在多种选择面前抵制选择看似"大"的可能。我还研究了帮助我最大限度地利用发现模式的策略，希望对你也有帮助。

第一，创建你自己的探索时间表，而不是受制于其他人的时间表。当我们寻找机会，特别是那些比我们想象中来得更快的机会时，我们常常会感到有必要对提供这些机会的人或公司做出快速、紧急的反应。相反，你应该后退一步，问问自己为什么会被特定的机会所吸引。是因为这个机会是你的兴趣所在，或者觉得有助于你实现更大的目标，还是因为其他人在向你施压？尽最大努力对他人的行为做出回应（当然是外交层面的），但在做出最终决定之前，也要探索什么是选择的时间表。这也将有助于确定选择的时间表，并在最终做出决策之前拥有灵活性。

第二，如果当前你迫切需要一个将你从不愉快或恶化的现实中解脱出来的机会：首先，尝试理清维持现状你将会蒙受多大的损失，这种"不利情况"是什么样的；然后，想想"有利机会"——如果保持"中庸"会有什么积极结果。如果可以简单定义"不利情况"和"有利机会"，你就能够更容易地确定当下的选择可以满足其中一个还是可以两者兼顾。

用上述方法来区分目标，可以避免将你即将做的选择与头脑中的既定目标混为一谈。你将能够发现更多推动自己前进的可能行动，甚至包括一些你完全没有考虑到的可能行动。利用上述方法可以帮助你至少找到一个改善目前状况的选项，同时也可以敲定从"中庸"到实现梦想的选项。你可能会意识到，完全舍弃当下去追求新的事物并不是唯一或最好的前进道路。

第三，进入发现阶段时采用的另一种策略是，寻找一个能和你在职场进行头脑风暴的伙伴。选择一个能理解你的抱负、善于创造可能性、帮助你保持乐观心态的人，这个人不必是你最好的朋友、最铁的知己或伴侣。在我职业生涯的早期，我把父亲以及一些朋友当作头脑风暴的伙伴。但随着事业的进步，我找到了一位执行教练以及一些与我有相似经历的同行，以进行头脑风暴（稍后我会将其描述为"职业牧师"）。在人生的不同阶段，我们可以从不同的人身上汲取智慧。在任何特定阶段，请找一些能增强而不是削弱你产生创造力的人。确保他们以一种不带偏见、不失偏颇的方式审查你的机会列表，并帮助你完善列表内容。

第四，升级多管齐下能力的最后一个技巧是进行被动积累。即使目前你不打算做重大决定或选择，时刻保持善于发现的状态也是非常有价值的。这种状态可以帮助你及时了解周围的机会，并进行知识储备。我获得的一些理想的职业机会，并非来自于为了追求某个目标而做出的针对性努力，而是日积月累的结果。比如，单纯地接受邀约，与志同道合的人或公司建立联系等。我从不急功近利。

在公司做领导的时候，我总是会试探性地和具有潜力的员工交谈，即使当时没有职位空缺，我也会询问他们的职业意向。无论是在同一家公司还是不同公司，我通过长期的了解录用了好几位具有潜力的员工。（如果你发现自己站在了等式的另一边，那么一定要对那个值得信赖的介绍人说"是"。）同样，我对初创公司的几笔成功投资也源于我持续关注着我所熟悉的专业领域里的潜力公司，或者因为我信任的人把他们认为可能适合我兴趣或优势的人或公司推荐给我。

在你做出重大选择之前，冒小风险来最大化选择收益的做法只会带来好处。当我 22 岁时，我不会驾轻就熟地使用这种以小博大的智慧，只是在最紧要的关头跌跌撞撞地尝试了这种方法。当然，我没有将享有盛誉的国际性投资银行的工作视为"最终答案"。我像钟摆一样在雄心勃勃和追求价值的选择中摇摆不定，因为我仍然不清楚我真正想要从事什么职业。虽然我不希望这种焦虑加剧的过程发生在任何人身上，但我确实得益于追求多种可能性的策略。你有机会比我更早、更慎重地使用追求多种可能性的策略。

多管齐下的策略可以帮助我们在开始新的旅程时最大化现有机会和知识储备，使我们能够在做好万全准备的前提下做出更好的选择。

行动指南

- 开始冒险前不需要制定完美或清晰的目标。
- 多管齐下的策略能够使我们发现崭新的抱负，明确选择的方向，通过对高概率和低概率的可能性下赌注来产生选择的动力。
- 通过冒险来掌握发现的过程，拥有自己的时间表，找到可以进行头脑风暴的伙伴，掌握被动积累的艺术。

Chapter 04 第四章
纸上得来终觉浅

1993 年，我终于在美林证券公司找到了梦寐以求的工作。我投入了大量的时间和精力，下定决心要证明自己的价值，全力以赴地超越自己，令老板刮目相看。我知道自己在美林证券工作的时间有限——美林证券的分析师项目一般只持续两年，项目结束后参与者通常会离开公司，要么在行业内找到新工作，要么回学校攻读工商管理硕士学位。作为一名金融服务部门的分析师，我的努力工作得到了回报。基于第一年出色的分析报告，美林证券在第二年向我发出了一份令人垂涎的工作邀约——去伦敦负责欧洲银行业务。

我立刻接受了工作邀约，并为下一个职业生涯篇章感到十分兴奋。我在伦敦的表现也很出色。当我在伦敦工作的一年时间结束时，我选择了冒另一个小风险——在一家英国公司任要职。大多数从事投资银行的同龄人都采取了传统方式，即利用工作经验获得一所精英商学院的录取名额。相反，我想学习如何经营和发展企业，而不仅仅是作为团队的一员。

在调查潜在雇主时，我把目光投向了英国领先的娱乐公司之一——英国天空广播公司。由传媒大亨鲁伯特·默多克（Rupert Murdoch）创立的天空广播公司是一家高度创新的公司，通过卫星天线转播电影、体育赛事和其他节目。这一技术颠覆了有线电视行业。尽管初创阶段天空广播公司举步维艰，曾经一度每周亏损达数百万美元，但由于积极的价格政策和营销策略，最终迅速发展成为默多克全球媒体帝国皇冠上的一颗明珠。在美林证券专注于研究银行和其他金融机构的业务之后，能够在一家成功的媒体公司工作的前景异常诱人。我对英国天空广播公司的首席执行官山姆·齐泽姆（Sam Chisholm）和副总经理大卫·钱斯（David Chance）这对高调的领导层组合很感兴趣。山姆是个地道的澳大利亚人，他在英国以好斗和狂躁的个性而闻名，而大卫则被认为是一位冷静的外交家。

在美林证券的出色业绩帮助我成为英国天空广播公司首席财务官的财务分析师。我自知不会在这个职位上干太长时间。果然，大约6个月后，我进入了一个可以直接向首席执行官山姆展示营销计划的团队。一个周日的晚上，我们冒险去山姆的乡间别墅。在会议过程中，我鼓起勇气尝试冒着微小的风险坦陈我的观点。第二天早上，山姆把我叫到他的办公室。"苏克辛德，"他气急败坏地说，但眼中闪烁着光芒，"你知道我为什么叫你来这里吗？"当我坦白地说不知道的时候，山姆称赞了我前一天晚上的发言，然后当场提拔我去首席运营官大卫麾下工作。"大卫需要像你这样的人。"山姆断言。就这样，我的办公室被调到行政楼层，我被分配到大卫的特别项目，成为他的得力助手。

行政楼层的福利待遇好到令人惊叹：充足的午餐，有一名管家，每天都能接触到公司的管理团队，等等。但没过多久，我就开始对新工作感到失望和不安。虽然我迫切地希望能在重大项目上与大卫密切合作，但他已经习惯了独来独往，根本就不太需要我的帮助。在我到来之前，他自己完全能够胜任。当山姆提拔我并把我分配给他当助手时，他应该也感到十分惊讶。几个月过去了，我的工作似乎变得越来越空虚和孤单，与我初来公司的前几个月形成了鲜明的对比。

工作之余，我也感到空虚。一到伦敦我就与另外三位来自美国和加拿大的外籍女性在肯辛顿高街合租了一套公寓，我们成了闺蜜。当我们结束了在不同银行的分析师职位时，她们都已回国攻读工商管理硕士学位。她们离开伦敦后，我在伦敦结交了新朋友，我也开始考虑我到底想在哪里长期生活。有了这么多属于自己的时间，我开始考虑自己是否有可能回到北美，甚至是否会离开商业界。

虽然当时我只有二十五六岁，但我已经开始梦想自己创业。父亲一直推崇"为自己工作"的美德，商学院的本科课程也让我接触到一个又一个成功企业家的案例。现在，随着在公司打工的神秘感逐渐消失，我开始思考是否能建立自己的公司。在我加入英国天空广播公司之前，我和室友劳拉（Laura）就探讨过一些商业创意，当时只是出于好奇。当她回美国攻读工商管理硕士学位时，我和姐姐尼基继续保留着创业的想法。尼基一个人住在英国的时候，嫁给了一位英国人。

有一次，我设计了一种新产品：时尚的袖扣，女性可以用它来为职业装增添魅力和品位。考虑到在华尔街工作的人都穿着缺乏点缀和装饰的古板和保守的西装，我自以为这些袖扣会受到追捧，而且我对围绕袖扣开展业务充满热情。姐姐是我的忠实支持者，她鼓励我大胆尝试。于是，我买了一些布料，并制作了一个嵌入女性标识的简约袖扣模型。我继续在电脑上模拟加入不同公司的名称和标志，甚至找人制造了更多插入丰富图案的袖扣模具。然而，几个月后，我的业务丝毫没有进展。我不知道下一步该做什么，也不知道如何分销或销售。我打算将这些模具放在有拉链的塑料袋中保存 10 年，并随身携带它们，以时刻提醒我第一次创业的尝试过程。

山姆和大卫在英国天空广播公司的表现进一步激发了我的创业抱负。他们二人把公司当成了自己的公司。多年前，他们几乎一无所有，凭借着满腔热忱积极而迅速地发展业务。两人之间保持着毫无嫌隙的关系，直到现在仍然如此。我羡慕他们的成功经历，梦想自己也能创业成功。只是我不知道该如何起步。

我不确定自己应该如何从零开始创建一项新的服务，也没有一个好的想法。我猜想与企业家在一起共事可能是我找到最佳选择的方法。1995 年，当我另一个室友珍（Jen）回到家乡加利福尼亚州去斯坦福大学商学院就读时，我立刻抓住机会去看望她，同时我也爱上了旧金山湾区。这里到处弥漫着创新和创业的氛围，尤其在阳光明媚的天空和美好的生活方式的烘托下显得更为浓郁。

1996 年 10 月，一个秋高气爽的早晨，我走进大卫豪华的玻璃办公室，辞去了英国天空广播公司的工作。当得知辞职理由是我的潜能没有得到充分发挥时，他大吃一惊。他立即提出让我参与更多的活动。但经过数周的考虑，我决定冒险做出改变。我告诉大卫我要回北美，想去加州寻找下一个商业机会。

在常人看来，为了追求一个模糊的梦想而立即辞职似乎是一件疯狂的事情，但我并不这么认为。在美林证券公司和英国天空广播公司这样的大公司成功工作了三年，再加上大学毕业后艰难的求职经历，我有信心在加州找到一份好工作。当时我有10000美元的积蓄，父母也会在必要的时候帮助我。所以，我朝着我的雄心壮志艰难地迈出了第一步。相信一旦到达加州，我就会找到自己的路。船到桥头自然直。

我在相当短的时间内找到了工作。在离开英国天空广播公司4个月后，我来到了美丽的旧金山郊区米尔谷（Mill Valley），位于金门大桥北部。之前，我顺便经过了加拿大不列颠哥伦比亚省的惠斯勒（我在那里花了一个月的时间，从零基础变成滑雪高手）和洛杉矶（我曾在那里短暂地考虑过从事娱乐方面的工作）。我的另一位来自英国的室友劳拉（我曾和她一起构思过商业创意）也是加州人，她的父母慷慨地同意在我找到工作之前免费住在他们位于米尔谷的家中。我花了几个月的时间，终于在1997年夏天成功地争取到在一家名为OpenTV的互动电视初创公司担任业务开发经理的机会。我的创业之旅就这样开始了。两年后，我创办了自己的第一家公司。后来我又创办了两家公司，并投资了多家公司。

虽然进行总体规划和布局有好处，但大众文化让我们相信，如果没有一个完美而精确的计划，我们就无法很好地承担风险。但我发现，在很多情况下，接近机会比制订计划更能让我们受益。当我们对自己的目标或如何实现目标只有一个模糊的概念时，快速"接近"梦想可能比从远处构建一个精确而抽象的计划更有价值。每个人的情况都不一样，所以对"接近"的理解也不尽相同。我辞掉工作，搬到大洋彼岸，以增加和企业家们在一起的机会。你可能会通过采取不那么极端的方式去"接近"你的目标。不过，经验教训是相同的：当我们还不知道如何得分时，提前进入赛场，接近那些正在比赛以及已经得分的人，能够让我们了解我们需要知道的信息，甚至包括我们没有意识到需要去学习的洞察力。

完美计划的神话

为了理解为什么我们不应该等待一个明确的目标再采取行动，让我们来揭开完美计划的神话。计划只是假设一个确定的起点，未来将如何展开的理想状态。因为我们把计划作为行动的先决条件，所以计划本身就像是一种接近梦想的方式。我们认为，计划越精确，成功实现计划的可能性就越大。相反，当我们的雄心壮志尚未形成时，我们就会认为自己缺乏行动许可。因为我们还没有完成制订计划的"艰苦"工作，所以没有充分做好迎接机会的准备。

我们倾向于认为计划越具体，实现计划的可能性就越大。当我们无意识地认同这一观点时，就会投入越来越多的精力去规划目标，然后制订行动计划，展望预期结果，试图在采取行动之前完美地预测即将发生的一切。面对下一个目标亦是如此，循环往复。然而，当目标模糊时，我们就会放弃计划。制订一个完美的计划可以让我们感觉事半功倍，前程似锦。

即使我们采取了行动，过分强调计划的重要性也会阻碍我们朝着目标前进，禁锢自己，阻碍我们抓住意想不到的机会。谢伊·凯莉（Shea Kelly）曾在花旗银行、惠普公司、通用电气、汤姆逊·孙（Thomson Sun）、威智商业（Wize Commerce）和苏摩逻辑（Sumo Logic）等公司担任资深人力资源主管，她见证了许多才华横溢的人在几年甚至几十年前就计划好了自己的职业生涯。他们决定要成为一定级别的领导，并制定出了实现目标必须采取的所有步骤。"我认为，在履行步骤的过程中，他们可能会错过学习和改变自己观点的机会。如果医生给你开的处方太多，你就要停止治疗。"谢伊·凯莉说。

凯莉举了一个例子，一名受人尊敬的工程师暗自下决心要成为公司工程部门的负责人。由于他非常了解客户需求并熟悉业务，领导们希望他离开工程部门，成为一名产品经理。这位工程师拒绝了，他担心这一职位变动会对他的长期目标造成不利影响，同时他也不确定自己能否胜任这一新职位。凯莉建议他不妨冒险一试，她告诉工程师暂时偏离自己的计划可以获得意想不到的新知识，这些新知识最终能够适用于更高级的工程部门职位。经过多次交谈，工程师决定放手一搏。6个月后传来了好消息，这位工程师在新工作中的表现非常出色。如果当初这位工程师过分执着于他的长期计划，他就不会迎来职业生涯的高光时刻。

尽管规划看起来十分理性，但个人更倾向于从逻辑上推动未来的复杂过程。《解药：无法忍受积极思考的人如何获得幸福》（*The Antidote：Happiness for People Who Can't Stand Positive Thinking*）一书的作者奥利弗·伯克曼（Oliver Burkeman）评论道："在大多数情况下，促使我们致力于制定目标和规划未来的因素并不是清醒地认识到未来的优点。相反，这是一种更加情绪化的东西：不确定的感觉让我们感到非常不舒服。面对不知道未来会是什么样的焦虑，我们更加强烈地巩固我们对未来的偏好——不一定是因为计划将帮助我们实现这一目标，只是因为计划会帮助我们摆脱目前的不确定感。"

接近的力量

理智的计划并没有像我们想象的那样缩小我们与野心之间的距离。我们经常为了实现计划而采取某些行动。当试图制订计划时，我们通常会以案头研究的方式了解其他人如何取得了我们所希望的成就。我们甚至会进行信息交流，冒一点风险去了解更多我们渴望的内容。与上述工作同等重要的下一个步骤是，将自己置身于一个到处都是与我们的行为大相径庭的人群中。

接近上述群体至少可以在三个重要方面让我们受益。首先，我们可以看到实际行动，这将帮助我们进一步形象化自己想要得到的东西。如果你梦想成为一名企业家，可以在书中读到有关创业的内容。你也可以找到一份副业，找到追随企业家的方式，或者在一家初创公司工作。探索的经历会让你更好地理解你的目标到底是什么，帮助你在自己的脑海中厘清这个目标是否真的适合你。

其次，如果你有一个相对明确的目标，但缺乏执行计划，你可以通过帮助别人执行计划，并通过观察、复制和实践来学习，从而更好地了解你需要采取的具体执行步骤。历史上，我们称这种学习模式为学徒制。在学术界、文艺界和手工行业等领域，传统上有抱负的年轻人通过充当现有从业者的得力助手来学习他们的技艺，并帮助现有从业者完成项目。近年来，美国政策制定者一直在寻求扩大学徒制和实习机会的方法，以帮助更多的年轻人促进技能和职业的发展。多数情况下，他们都从欧洲寻求灵感。

心理学和神经科学的研究也证明了帮助别人学习的价值。社会学习理论学派认为，人们通过模仿他人的行为来学习。神经科学家也已经发现，社会学习是通过大脑中的特定神经产生的。一项研究为社会学习理论带来了更多细微差别，它认为，人们通过观察他人来学习，因为"被效仿者无意中过滤了信息，因此复制者学习了已被证明可以获得成功的行为。"因此，接近那些你渴望去做或者想要成为的人能够提高学习效率，让你更快地将你的抱负分解为明确、可操作的目标，然后制订切合实际的计划。

最后，当我们置身于与我们志向相似的人取得成功的环境中时，我们更容易凭借与成功者的惺惺相惜来获得更多机会，从而实现我们的抱负。塔克商学院的教授悉尼·芬克尔斯坦（Sydney Finkelstein）在其著作《超级老板》（*Superbosses*）中描述了一批各行各业的佼佼者，他们负责给为他们工作的年轻人担任大师级教师。这些大师级教师不仅甘愿做替补，而且还会在年轻人的职业发展过程中不断地提携他们。这些大师级教师创造了芬克尔斯坦的"成功网络"（networks of success）——由以前的门生组成，帮衬后入门的学徒，代代相传。

芬克尔斯坦以餐厅老板爱丽丝·沃特斯（Alice Waters）为例。爱丽丝是加州伯克利著名餐厅潘尼斯之家（Chez Panisse）的创始人。这家餐厅在烹饪界无人不知，无人不晓。正如爱丽丝的一个门徒所说，"无论你去哪里，总会有人认识在潘尼斯之家餐厅工作过的人，或者听说过爱丽丝及其菜谱。当你在异国他乡烹饪美食时，爱丽丝的菜谱会告诉你怎样去烹饪。"如果你想实现一个职业目标，把自己与能够洞察先机或拥有资源的人密切联系起来，这正是你取得成功所需要的机会。

行动先于计划的艺术

2020 年 1 月，艾丽莎·纳肯（Alyssa Nakken）成为美国职业棒球大联盟的第一位棒球全职女教练，也是第一位在比赛中上场的女教练（几个月前，我通过与旧金山巨人队在全球最大的门票交易公司 StubHub 的合作伙伴关系认识了艾丽莎）。她怎样获得了如此殊荣？她是否在一开始就设定了明确的目标，制订了绝妙的计划，并为之不懈努力？

不完全是。

在距离萨克拉门托市中心约 5 英里的加州小镇伍德兰（Woodland）长大的艾丽莎，从小就梦想着能上大学，打一级垒球。最终她实现了自己的目标，以垒球奖学金进入加州州立大学萨克拉门托分校学习。2012 年毕业时，除了循规蹈矩地在当地找一份薪水不错、朝九晚五的工作外，艾丽莎不知道还能做什么。她在萨克拉门托市找到了一份财务规划师的工作。她非常享受这份工作，尤其是有机会与客户见面并积累人脉。

然而，不久之后，艾丽莎发现自己不安于现状。她的许多老客户讲述了关于他们职业生涯的故事——曾居住过的城市，在公司和行业间出人意料的职业变动。听了老客户的话，艾丽莎意识到在接下来的 30 年里，她也想尝试职业冒险，而不是陷入安逸。她期望对自己的职业充满激情，并在追求激情的过程中体验冒险的刺激。"我被这些客户以及他们的冒险经历所鼓舞。"她说，"无论是创办自己的企业，还是把所有的积蓄都花在研发上，我开始重新幻想未来的生活，而不是循规蹈矩。"

尽管艾丽莎热爱体育事业和团队合作，但她并没有设定具体的目标。于是，她纵身一跃，朝着期待的方向前进。她冒险辞去工作，搬到旧金山，报名参加了旧金山大学的体育管理研究生课程，期望了解体育产业及其前景。她的父母全力支持她，鼓励她采取冒险迭代的方法。回忆起和父母的谈话，她说："父母总是会说'好吧，你应该尝试和了解。如果你不喜欢这件事，那就调整、再调整，然后另谋出路。'"

作为一名学生，艾丽莎通过在奥克兰突袭者队（Oakland Raiders，该球队后来搬到了拉斯维加斯）、斯坦福大学和旧金山大学的实习机会，考察了体育行业的现状。起初，她认为自己可能想成为一所大学的体育主管，但经历了实习以及一次课堂上的冥想练习后，她认定当体育主管并不能激发她的热情。她需要继续实验，看看能否找出兴趣所在——有时这是一个有压力的命题。"你快 25 岁了，人们会问，'嗯，你在做什么？接下来有什么打算？'我说，'哦，我不知道。'此时此刻，和我一起长大的朋友都快从医学院毕业了。"

2014 年，艾丽莎得到了旧金山巨人队棒球运营实习生的职位。这份工作一点也不吸引人：她每天将大量的时间和精力投入棒球队的行政琐事中。但在其他组织工作过后，艾丽莎发现，相对来说她更喜欢巨人队，愿意与巨人队的成员共事一段时间。艾丽莎还决定把这次实习作为一次学习的机会，这样她就可以继续迭代新的可能的行动。

为了更好地把握在巨人队工作的机会，艾丽莎套用了在研究生时学到的策略——冥想。作为冥想练习的一部分，她必须想象一份理想的工作，并与目前从事的工作或其他类似工作的人进行信息交换。她主动走进经验丰富的巨人队高管团队办公室，询问他们的职业发展情况。"你很快就会意识到没有哪条路是相同的。很多人认为你必须走出这一步才能走到那一步，然后达到最终目标，但事实并非如此。现实是如果在前进的过程中有人向你扔来一个曲线球，你可以利用这个曲线球去学习、成长和调整，你也可能因此而崩溃、败阵和放弃。"

实习结束后，艾丽莎取得了学位并抽空去毕业旅行。第二年，巨人队打电话给艾丽莎，询问她是否愿意参与一个短期项目。一切进行得十分顺利，同年年底，巨人队给艾丽莎提供了一份协助开展系列健康和保健活动的全职工作。作为一个长期的健身爱好者，艾丽莎欣然接受。"人们在讨论感兴趣的项目。我想，'天哪，这是一个充满激情的项目，我也的确从中得到了回报。'"

艾丽莎在这个职位上工作了 4 年。一直以来，她都没有设定一个明确的长期职业目标。项目时间快要到期了，也就是 2019 年的夏天，艾丽莎渴望新事物，所以她再次寻找在公司内部进行交流的机会。2018 年 11 月，棒球队聘请了一位新经理加布·开普勒（Gabe Kapler）。她敲开他的门，希望了解开普勒的执教理念和愿景。在一个月的时间里，他们进行了一系列交谈。艾丽莎开始从开普勒那里寻找灵感，但她不知道，实际上开普勒是在为教练组物色人选，而艾丽莎恰好在备选名单中。

2020年1月，艾丽莎成为助理教练，主要负责协理外场手和跑垒手。艾丽莎成为美国职业棒球大联盟的第一位女性助理教练。

关于冒险，我在旧金山湾区认识的一位首席执行官兼科技行业企业家给了我一个十分贴切的比喻。正如这位资深冒险者所观察到的那样，我们冒险所要达到的目标就像游乐场的一组单杠一样，当站在一组单杠前时，我们不需要尝试所有的单杠而只需要伸手去抓面前的单杠。迈出了第一步，其他也会水到渠成。

用白板写下你的职业规划

需要明确的是：直接行动并不意味着我们应该完全放弃规划的过程。我们仍然需要规划——我们只需要为下一个主要目标制订正确的计划。白板是最好的书写工具。我们可以使用一块白板、一部苹果手机的屏幕或一块黑板——最好是触手可及的具有保存、删除和编辑功能的工具。用白板打草稿，包括总体目标和关键节点。你的雄心壮志既包括外在的（比如财富或权力），也包括内在的（比如成就感或个人获得感）。正如我们所指出的，学习本身可以作为目标，也可以是为实现更大目标而采用的策略。在短短几个小时的时间里，你需要全力以赴地找出最高理想和最低理想。

白板上的话语是职业规划的初始草稿——几句简单的话就表

达了你对未来的总体抱负，以及如何实现它的假设或想法。如果你已经做了背景调查或信息访谈，并做了详细的笔记，可以把这些信息单独装在文件夹里，尽你所能地用它来证明写在白板上的理想。迈出第一步只需要一个起点。当你写满白板后，就要控制自己不断添加细节的冲动。当你在接近机会的过程中有所收获时，成熟的框架自然会呼之欲出。

写在白板上的计划是一个活生生、不断发展的路线图——与完美的计划恰好相反。白板上的计划提醒我们，随着洞察力的提升，计划也会改变、修改、更新或被完全删除。在白板上罗列计划一点也不奇怪。计划只是一个工具，只有当我们不断完善计划时，它才会变得更有用。相比冗长和复杂的计划，白板通常可以更快捷、更有效地确定未来行动的框架，帮助我们大致做好准备。在完善思路之前，先向目标迈进吧。当我们刚刚开始冒险之旅时，这正是我们想要做的事情，直接前进并在前进的过程中将计划变得更加精细。与其通过完美的计划来发展未经检验的理论，不如直接从现实生活中来推导理论。

行动指南

- 接近目标远比在远处制订完美的计划更有效。
- 接近目标有助于更清晰地将抱负可视化。争取成为学徒，获得有意思的机会。
- 一个伟大的计划是简单、高效的，并且能够随着我们的发展而发展。在白板上写下通往未来的路。

Chapter 05

第五章 （害怕错过 > 害怕失败）= 付诸行动

含苞待放比恣意绽放带来的风险更令人担忧。

——阿娜伊斯·宁（Anaïs Nin）

尽管放弃单一选择的神话，承担较小的风险来历练我们承担风险的能力是合乎情理的，但我们仍然面临一个重大挑战——恐惧。

通常情况下，即使再小的风险，我们也不愿意去尝试。并不是因为我们看不到选择的潜在好处，而是因为我们更害怕负面影响。虽然从逻辑上将冒险重新定义为一系列积极、渐进的行动可能是最好的建议，但如果我们不能克服和控制自己的焦虑，就仍然不会采取任何行动。

一组简单的公式可以帮助我们理解在评估风险时我们是否可以采取行动（见图5－1）。

FOMO＝害怕错过（Fear of Missing Out）

FOF＝害怕失败（Fear of Failure）

（害怕失败＞害怕错过）＝毫不作为

（害怕错过＞害怕失败）＝付诸行动

图5－1 一组简单的公式

正如这些重要的公式所示，在尝试新事物时，如果我们对错失机会的恐惧（FOMO）超过了对失败的恐惧（FOF），那么我们就会付诸行动。否则，我们就不会。冒险并不是无所畏惧或否认恐惧的存在。冒险可以接受我们的脆弱，并协调我们在特定时刻感受到的两种焦虑之间的关系。当我们感到不舒服时，主要是因为"积极的"焦虑（害怕错过）和"消极的"焦虑（害怕失败）同时困扰着我们。在做出明确的决定之前，我们会一直感到不安，会在很长一段时间内经常经历矛盾的情绪。

当我决定离开伦敦去加州的时候，我朝着一个巨大的机会前进。考虑到我对英国天空广播公司的不满，这次机会显得格外有吸引力。

我曾估算过，我在加州找不到一份好工作的风险客观上是相当低的。我还意识到，即使找工作花的时间比预期的长，我也不会有资金链断裂的风险，因为我有一些积蓄，有一个免费的住处，父母还可以作为我最后的求助对象。总的来说，前往西海岸的紧迫性远远超过了我对失去一份英国好工作的恐惧，所以我采取了行动。想想你在人生的某个时刻所做的某个重要选择。你体验到了什么样的恐惧？你对错过的恐惧怎样超过了对失败的恐惧？

传统观点认为，在追求目标时，我们应该把所有的时间都花在积极思考上。"我是最伟大的人。"拳王穆罕默德·阿里（Muhammad Ali）如是说，"我甚至在知道我是最伟大的人这件事之前就说过这句话。"据说温斯顿·丘吉尔（Winston Churchill）曾指出："乐观的思想家会看到无形的东西，感受到无形的东西，并实现不可能的事情。"这表明强烈的乐观思维对于追求抱负至关重要。但事实是，如果我们不能接受失败的现实，单靠乐观的思考是不会抵达目的地的。

纽约大学和汉堡大学的心理学教授加布里埃尔·厄廷根（Gabriele Oettingen）在她的《反惰性》（*Rethinking Positive Thinking*）一书中写道，研究表明，"从长远来看，单纯的乐观思维会阻碍人们前进。实际上，人们是在做白日梦，只是纸上谈兵。"当你根据过去的经验制定目标时，如果你能意识到前进道路上的主要障碍，并运用乐观的思维方式，你就能做得更好。当关系到冒险时，想象积极的结果可以通过增加我们对害怕错过的恐惧促使我们采取行动，但这并不能克服遭受潜在失败所产生的焦虑。正视失败，全面想象失败造成的后果，有助于缓解恐惧，增加采取行动的可能。

我的高管培训师大卫·莱瑟（David Lesser）是一位资深从业者，他的客户包括《财富》50强的公司和初创公司的首席执行官。莱瑟认为，理解和尊重恐惧对于承担风险和提升领导力非常重要。我们每个人都有所谓的内在风险管理者，我们头脑中会有这样的声音，例如"时刻扫描危险和威胁，当你渴望做某事时，你的内在风险管理者会提醒你可能会出错的地方以及为什么你应该有所顾虑。"正如莱瑟所说，企业家会花费大量时间与他们的内在风险管理者对抗，甚至解雇内在风险管理者，因为他们只会看到积极的一面。因此，"大多数人无法客观地正视风险的存在。为一个非常乐观的人做内在风险管理者是一项艰苦的工作！"

与其对抗内心告诉我们要小心的声音，不如更加公开地与我们的内在风险管理者沟通负面影响。这样一来，我们就可以制定雄心勃勃的目标，同时也可以采取合理的措施来确保自己的安全，以防我们担心的事情发生。无论你的职业生涯是刚刚起步还是小有成就，当你对行动方向产生疑虑时，一定要学会仔细倾听。开始与你的内在风险管理者进行对话，要求他们降低他们预见的风险，这样你就可以"说服自己"。而一旦风险浮出水面，我们就可以使用下面的策略来控制我们对失败的恐惧，最终让恐惧等式在行动中发挥作用。

1. 想象选择的后果

奇怪的是，当我们面对风险的潜在失败场景时，一些强大的事情就会发生。我们不是避开恐惧，而是越过恐惧，开始认识一个个新的选择。也就是说，设想在故障发生后，我们将如何从损失中恢复或将其影响降到最低。我们可能会发现自己有一个或几个不错的后续选择。越是意识到不会被失败所摧毁，我们就越能找到多种选择重新再来，失败似乎也不再那么可怕。

1997 年，在一封写给股东的著名的信中，亚马逊创始人杰夫·贝佐斯（Jeff Bezos）阐述了一个类似的减轻恐惧的策略。在描述亚马逊的决策、冒险和清除障碍的方法时，他观察到两种决策：一种是无法逆转的决策（决策类型 1），另一种是可以逆转的决策（决策类型 2）。

决策类型 1 是"单行道"，所以你必须"有条不紊地、仔细地、缓慢地、经过深思熟虑和咨询后做出决定。如果你已进入单行道，但是不喜欢在前面看到的东西，你也无法回到原来的位置。"相反，决策类型 2 是可逆的，所以你可以更快地做出决策，

不用过于担心后果

正如贝佐斯所指出的，大多数决策都属于第二种类型。在这种情况下，即使我们的选择不是完全可逆的，即使失败了，我们可能仍有足够的回旋余地。这就是为什么考虑选择的后果如此重要的原因。我们可以采取一些措施，使我们的情况不会比开始时更糟——要么收缩开支，要么大步朝另一个方向前进。

假设你在一家大公司拥有成功的职业生涯并担任重要的角色，而你正在考虑是否跳槽到不同的行业或初创公司从事类似的工作。尽管你希望通过获得股权的方式来学习更多知识或获得财富，但这种转变也存在一定的风险。你要居安思危，想象你无法在新工作中茁壮成长的后果。如果这种情况在几个月内发生，你可能至少有两个选择，甚至更多。你可能会回到之前获得成功的组织，或者凭借你的履历在该行业的另一家更大的公司获得与之前相似的职位。

当我们分析第一种（单行道）决策时会发现，即使失败并承担损失，我们也可以再采取两到三个新行动。比起因为"风险太大"而放弃更大的机会，明确路径和损失将使我们有能力做出更多选择。

2. 说出我们的风险和恐惧

明确我们要承担的风险以及风险在我们心中产生的相关恐惧是非常重要的。如果我们能命名恐惧，并结合自身情况分析恐惧的特性，我们就更有可能独立克服恐惧，客观对待恐惧，并合理评估恐惧。

在任何职业选择中，我们通常都会面临三种风险：财务风险、声誉/自我风险和个人风险。如果职业选择偏离了方向，我们有可能会赔钱，也有可能给别人留下不好的印象，或者可能会失去一些在个人层面上非常重视的东西（比如，给我们带来欢乐的工作，或者与家人在一起的时间）。有时，个人风险比其他两种风险更棘手。在一个有着无尽职业抱负的世界里，我们可能会为说出风险的名称或承认风险的合理性而感到尴尬。但是，个人风险极大地影响着我们的幸福感，对其认真评估非常重要。

一般来说，我们一生中持续面对的最强大的情感风险是自我风险。从孩提时代起，我们就努力通过掌握技能、应对挑战、给自己和他人留下深刻印象来建立自尊。当我们挑战失败时，我们会对风险提出个性化的疑问，质疑我们天生的潜力、个性，甚至内心。当生意不景气的时候，我们可能会失去金钱或地位，但这与我们的身份和自我价值感相比又算得了什么呢？

虽然自我风险是无形的，但它总是在大大小小的方面阻碍我们尝试新事物。然而，与自我风险相关的恐惧可能是最容易克服的，因为自我风险几乎完全存在于每个个体的心里。如果能找到一种即使失败也能让自己感觉良好的方法（请保持警惕），我们就能将对承担自我风险的恐惧降至最低，释放自己去行动和发展。"把那个聪明到让自己出洋相的年轻人给我吧！"小说家罗伯特·路易斯·史蒂文森曾经说过。这应该不是智商的问题，而是一种应变的能力，也就是说，我们对自己的行为及其后果的重视程度。

我们应该注意到，恐惧的强度不一定会减弱，但其性质会随着时间的推移而改变。例如，在职业生涯早期，我们所面临的最大风险可能是关于经济的选择：我们试图自力更生，最好能够有点积蓄。但随着我们职业生涯的发展和专业水平的提升，声誉/自我风险会占据上风。我们开始担心失去已获地位的风险。当步入职业生涯中期并组建家庭后，我们发现自己会同时面临这三种风险以及随之而来的恐惧感。考虑到伴侣和孩子的因素，财务风险和个人风险将显著上升。

我理清了职业生涯中的恐惧，这有助于帮助我克服恐惧。在做选择的时候，我们很容易把所有的恐惧混为一谈，这样会让恐惧看起来无比强大。然而，逐个分解恐惧，我们就可以分类分级地缓解和克服恐惧。以我个人为例，当我接近职业生涯中期时，声誉/自我风险成为首要的问题，它的可怕程度不亚于职业生涯早期的财务风险。而且，就像命中注定的那样，我恋爱、结婚、生孩子的时候，我的职业生涯开始达到顶峰，所以我在职业选择中的个人风险也增加了（我需要花时间陪伴家人，并寻求工作与生活之间的健康平衡）。

在做出任何最终选择之前，我都要在工作和家庭之间进行周旋，以找到双赢的解决方案，而不是独自承受风险。例如，我花了一年的时间和我的丈夫协商如何在我追求成为科技公司首席执行官这一目标的同时生第三个孩子。有商有量的夫妻关系让我在做选择的时候感觉更舒服。当我接受一个机会的时候，即使知道没有一个选择能够同时解决所有风险，我仍然会尽可能地权衡利弊。久而久之，我对失败的恐惧减少了，但我对错过的恐惧仍然居高不下，所以我最终能够将想法付诸行动。

3. 评估风险

正确看待风险与明确命名风险同样重要。这首先要诚实地评估我们的现状和失败的空间，包括在做出选择之后，我们能够采取什么弥补措施。在评估冒险的原因时，我们还需要确定我们当前的环境和精神状态，这有助于确定冒险对于我们的重要性。根据我们目前的情况，给定的选择会或多或少地影响我们的生活，其他人的选择也一样。风险的大小不是绝对的，而是因人因时因地而异。

当我们发现自己处于中立或积极的状态时——也就是说，我们的职业已经步入正轨，已经在本职工作中有获得感，甚至相当充实——我们就会勇敢地去冒风险。有时我们也会失败，但无关紧要，因为风险在我们的承受范围之内。如果选择之后还有备选项，那么我们所承担的风险就会更小。如果选择之后的备选项会让我们的情况比开始时更糟，那么我们将会承担中等规模的风险。

但是，如果我们在冒险时处于不利的位置（我们的幸福感正在恶化，可能会遭受进一步的损失），通常会试图避免进一步的损失，回到中立或积极的位置。而同样处于不利情况下时，如果总体处于上行趋势并且事情不会变得更糟，我们会认为风险较小。当我们做出的选择让我们陷入更不利的位置时，这意味着风险更大。同样，当我们做出一个几乎没有任何备选项的重大单向选择，并且可能使我们的境况比现在更糟时，无论我们处于积极、中立或消极的状态，这都是一个更大的风险。

我来举个例子。我的朋友埃德·奥洛诺（Ade Olonoh）是智能

RPA 平台 Formstack 的创始人，他在 2006 年 1 月冒了一个"相当大的风险"。他放弃了一份稳定高薪的工作，成为了一名企业家。但是，这个时机并不理想——埃德的妻子已经辞职，两人即将迎来他们的第一个孩子，他们只有 6 到 9 个月的积蓄。埃德感到前途一片渺茫，但他的妻子鼓励他"遵从自己的内心"。在大学毕业后的几年里，埃德和几个朋友一起创办了一家初创公司。虽然最终失败了，但他非常享受这份工作，并渴望再创办一家公司。

我们可以把埃德所冒的险归为大风险。如果埃德创业失败，他在中短期内的情况会很糟糕。由于家庭运转依赖于埃德的收入，所以他们家庭的经济状况十分不稳定。但埃德还有其他选项，包括以自由职业者的身份从事一些技术咨询工作，或者重新从事一份与他之前的工作类似的工作。为了降低风险，埃德决定在创建他的新公司 Formstack 时做兼职顾问。一切都很顺利：埃德创建了 Formstack，并继续做了几年自由职业者，直到他筹集到全职运营这家公司的投资资金。

命名和评估风险能够使我们客观地了解我们对失败的接受程度。基于现状，如果我们冒险失败，我们还可以有哪些备选项，以及还要承担哪些损失。每当我试图评估选择时，我都会在心里进行分析，甚至有时会运用简单的电子表格进行分析。

4. 计划需要切实可行，切忌遥不可及

在我的职业生涯中，我签署过数百份合同，有简单交易，也有复杂交易。我发现，专业的谈判者在看合同时心中都有一个非常明确的目标。也就是说，在签署协议之前，谈判者会把所有的努力和精力都放在降低未来失败的风险上。对我来说，这种做法

很有意义。当我们计划做出任何有重大风险的选择时，都应该这样做。在这种情况下，我们在做选择前应该更多地关注有利因素而不是不利因素，以缓解恐惧。

近年来，我看到过成百上千个雄心勃勃的计划，计划都非常详细地列出了将在实施过程中采取的最初步骤、预测结果以及后续步骤等。然而，这些计划几乎没有提到如果未能产生预测的结果将会发生什么。制订计划的人都认为行动总是会有结果的，所以他们需要做的就是设计出每一个连续和成功的行动。

一个好的计划是相互影响的：我们应该更加关注可能出现的问题，而不是考虑一切正常时需要采取的行动。我们应该投入多少精力来考虑突发事件？当我们从一个积极的地方开始冒中小型风险时，只要设定好备选项即可。当我们考虑到更大的风险或从困难的地方开始时，你会选择快速行动。但在冒险之前花一些时间制订详细的计划是非常有意义的。你需要评估所有可用的备选项，找出每个备选项中哪些变量可能会进一步导致负面状况，并将备选项中的负面影响进行比较。

当我和姐姐尼基置身于挑战性的商业环境中时，我们利用电子表格模拟了多个场景，为她可能做出的几个选择确定了从最好情况到最坏情况的财务报表分析。对每一种选择都进行详细的财务建模似乎毫无意义，但尼基正在考虑的几个选择，包括在新的地点重新开业，都会造成与原地踏步一样糟糕甚至更糟糕的负面影响。

不利的计划使尼基避免承担她无力承担的新的创业风险。同样重要的是，把每一种选择的利弊和可能的收益情况都写在纸上，能让尼基更好地了解哪些行动会带来更多的好处，并规避进一步的潜在损失。随着恐惧的减少，尼基做好了开始行动的准备。

大多数人都不喜欢花时间和精力去想事情的坏处。显然，想一些会以各种方式超出我们预期的事情会更有趣。如果有机会向世界上成功的冒险家和谈判者提问，你会发现他们更看重驾轻就熟的不利计划，而不是无从下手的有利计划，因为可行的计划能够激活他们行动的动力。

我来举一个更不寻常的冒险事例——在不利的情况下继续冒险。2014 年 10 月 24 日，我的朋友兼前同事艾伦·尤斯塔斯（Alan Eustace）从平流层跳伞，创造了最高海拔自由落体跳伞的世界纪录。艾伦是一个快乐的、戴着眼镜的计算机科学家，他从 2002 年到 2015 年一直担任谷歌的工程高级副总裁。你很难想象这样一个"码农"竟然是个胆大包天的人。但在 2011 年，艾伦离开了谷歌。他最初的目标是和一群科学家合作创造一件人造飞行服，因此他试图从平流层跳伞。不同于前世界海拔最高跳伞纪录保持者费利克斯·鲍姆加特纳（Felix Baumgartner），艾伦没有这种高空跳伞的经历。后来，艾伦说："我想让一位古老的工程师创造跳伞世界纪录。"

为了实现他的目标，艾伦和技术团队在接下来的三年里设计了降落伞、生命支持系统和气球系统。正如艾伦所说，他从工程学的角度来研究跳伞，创造了一个内容详细、构思缜密的测试计划。相比之下，鲍姆加特纳依靠的是一种近乎超人的跳伞能力。

在这三年里，"我们进行了将近 250 次试验。"他说，"其中绝大多数是在无人状态下完成的，但也有一些是载人的。"我们每个人都非常努力地获取尽可能多的信息，并且试图降低整个过程中的风险。当别人认为有风险存在的时候，我们可以很自信地说："放心，我们已经做了万全准备，以应对风险。"

测试非常严格，艾伦有时甚至会觉得"十分痛苦"。例如，为了测试艾伦的飞行服是否能够承受平流层的寒冷，团队成员在五次不同的测试中把艾伦暴露在负 120 华氏度的低温下。他指出，"必须罗列出所有可能出现的错误，然后对照错误制定补救措施。"只有当艾伦和他的团队成员测试了所有设备的各个部分，并为所有可能的意外情况做足准备后，艾伦才从 135000 英尺（距离地球表面约 25 英里）的高空跳伞。

在跳伞的过程中，艾伦并没有因为恐惧而失去知觉。令人惊讶的是，他的心率始终保持在相当低的水平，大约每分钟跳动 60多次。这是因为艾伦和他的团队已经做好了充分的准备。正如他所说："敢于冒险的人是试图做疯狂事情的人。冒险充满着未知的变数，受伤或死亡的概率非常高。我的成功得益于团队精心设计的装备。虽然装备的安全系数不是百分之百，但已经达到了人类的极限。"

简而言之，艾伦对风险了如指掌并做好了万全准备。因此，心理上的充分准备促使他坚信能够成功。

怎样解决寅吃卯粮

想象选择的备选项，为不利的方面做更多弥补措施，或者指明具体风险，可以极大地减少恐惧感。但没有任何事情比真正从失败中生存下来更能让我们在未来承担风险。小的冒险可以锻炼我们对结果的接受程度，灌输实验思维，而消化更大的失败能让我们变得更乐观向上，并减少我们对失败的恐惧。尽管经历失败是痛苦的，但它给我们上了强有力的一课，让我们明白自己到底有多大的能力重新振作起来，并寻找下一步该做什么。

企业家埃德·奥洛诺可以证明，我们有能力从失败中吸取教训。埃德最初将他的公司 Formstack 定位为一个数据管理系统，允许人们在网上轻松地创建表单，运用于博客和网站。Formstack 一开始做得很好，但它提供的服务内容增长速度并不均衡。使用 Formstack 的博主借助表格向读者提出问题，要求他们为即将创建的博客贡献主题。这是 Formstack 的一个简洁应用程序。埃德和他的团队创建了一个新的平台，这既是一次实验，也是年末的一个团队建设练习。在这个被埃德称为 Formspring 的新的平台上，其他用户可以向博主提问，博主的回答会被发布在该网站或其他社交媒体平台的个人页面上。

埃德预计可能会有几千人注册。天呐，他错了！在短短 45 天时间之内，就有 100 万用户加入了 Formspring。需求如此之大，以至于服务这么多人的成本可能就会让埃德的小公司破产。

我是在 2010 年年初加入 Formspring 的董事会时认识埃德的。那时，这家公司已经是一家炙手可热的初创公司，从硅谷顶级投资者那里募集了 1600 多万美元用于发展壮大。埃德发现很难同时经营这两家公司，于是他雇了一位首席执行官来管理

Formstack，然后带着妻子和两个孩子从印第安纳波利斯搬到了旧金山湾区，全身心地投入 Formspring 的运营中。他回忆道："举家搬迁到旧金山湾区是一件非常冒险的事。因为我们人生地不熟，所以搬家的决定十分疯狂。"

起初，埃德的冒险看上去是成功的。Formspring 发展迅速，到 2012 年年初，已拥有接近 2800 万用户，公司生意兴隆。然而，2012 年年末，该网站上突然出现了青少年欺凌的表情包，这给公司的声誉带来了前所未有的冲击。此外，脸书（Facebook）也改变了算法，宣布减少来自第三方网站（如 Formspring）的内容。

几乎一夜之间，公司陷入停滞状态。脸书产生的流量——约占 Formspring 总流量的三分之一——完全消失了。为了解决欺凌表情包的问题，埃德改变了某些用户特性（如匿名），但这样做也于事无补。

2012 年 12 月，埃德解雇了所有员工。2013 年 5 月，也就是他把所有赌注都放在 Formspring 上四年之后，埃德以极低的价格卖掉了这家公司。他悲痛欲绝，觉得自己让所有人都失望了。幸运的是，埃德的妻子十分支持他。"她真的只关心我是如何面对一切的，她希望我能快乐。她不接受我的结论——认为 Formspring 的失败就意味着我个人的失败。"

2013 年，埃德回到了他原来的公司 Formstack 工作，在彻底搬回印第安纳波利斯之前，埃德一直在旧金山湾区远程工作。幸运的是，这扇双向的大门仍然对他敞开着，他与公司最初的根基重新建立了联系。如今，Formstack 已经实现盈利，为 112 个国家的 500000 多名用户提供服务，而埃德也继续着作为连续投资者和创业者的旅程。

埃德认为，Formspring 和他的硅谷之旅是他职业生涯中最大的失败。但与此同时，他也将其视为自己最大的成功之一。他指出，Formspring 一度是历史上增长最快的社交媒体平台。埃德说："这种情况实属罕见。我不知道自己能否再现辉煌。"此外，通过经历这次失败和职业生涯中其他较小的失败，埃德从根本上改变了自己的风险观。他现在觉得自己比以前"更能接受风险"，并意识到这是随着经验而来的："风险观的改变需要长期的过程。在职业生涯的早期，我可能会觉得，我所做的每一个以失败告终的决定都会毁掉我余下的职业生涯。"

让恐惧公式为你所用

无论在冒险方面有多么丰富的经验，你都需要理解并接受恐惧永远不会完全消失的事实。你可以通过解决恐惧公式的两个方面来学习选择可能性：认识像害怕错过这样的令人激动恐惧，并积极管理像害怕失败这样的消极情绪。拥抱你的雄心壮志，同时也要审视失败并找出避免失败的方法。如果你能够照做，你会更加乐观地抓住机会。

许多人认为，乐观和信念是我们承担风险时必须持有的心态。但事实上，一旦我们确定了恢复的策略，乐观和信念往往会成为可能性的附庸。你可以成为一个现实的乐观主义者，在短期内保持现实，在长期内保持乐观，因为你意识到自己可以在失败中继续选择自己的道路。没有什么比来之不易的经验更具有说服力。如果我们承受了一次重大的失败，并且能够学会接受它，那么以后我们在面对失败时就会减少恐惧。当我们在做选择时，管理好恐惧公式将极大地增加我们做出改变的可能性。

行动指南

- 当对错过的恐惧超过对失败的恐惧时，我们就会采取行动。
- 拥抱我们的内在风险管理者，可以帮助我们面对恐惧，而不是逃避恐惧。
- 想象已选项和备选项，命名和评估风险，为不利的方面做更多的计划，这些都是管理恐惧公式并采取行动的有力方法。

02

第二部分
顿 悟

深思熟虑后再去冒险，结果会与鲁莽行事大不相同。

——乔治·巴顿将军（General George Patton）

第六章

冒险时，先人后事

让时间退回到1997 年的夏天，那时我刚刚开始在硅谷工作。当时，27 岁的我冒了不小的风险。我辞去了英国的工作，在没有任何收入的情况下只身一人来到加州。冒险是会有回报的。我在一家名为 OpenTV 的互动电视初创公司找到了一份业务开发经理的工作。我当时是被谢伊·凯莉招进来的，她就是我在前文中提到的那位魅力超凡的人力资源主管，后来成为我最亲密的朋友和同事之一。渴望了解电视行业这个令人兴奋的新领域（我觉得它非常吸引人），我热情满满地来到 OpenTV，并迫不及待地准备在第一天就大展身手。

但这份热情持续的时间并不长。第二天，我的新老板——公司的一位男性高管私下告诫我说，我的举动"吓到了其他秘书们"。我不明白"吓到"是什么意思。我怎么可能在短短的 48 小时内就让秘书们如此紧张？我有过两家公司的工作经历——美林证券公司和英国天空广播公司，这两家公司都具有积极进取、男性主导的企业文化。在这两家公司里，我的老板们都经常表扬我，不断提携我。如今来到硅谷，我收到的第一份反馈竟然是，对于我目前所处的环境来说，在某种程度上我的表现过于强势、过于直言不讳、过于锋芒毕露。

自此以后，我的处境就开始恶化。我的职务与工作内容毫不相符，我没有得到重用。OpenTV 聘请我负责与其他公司建立合作伙伴关系，帮助公司扩展业务平台。实际上，我的老板并没有把这项工作分配给我，而是把它交给了一位圆滑多变的男同事，而让我去做一些普通的事务性工作。显然，在 OpenTV 的公司理念中，我的表现过于"吓人"，但这位男同事的表现却不会被认为"吓人"。这种认定对我来说很不公平。

沮丧的我不知如何是好。一天晚上，当我和老板前往停车场时，我向老板敞开心扉，吐露了我的真情实感。老板试图安抚我，笑着说我是"需要指导的新秀"。我反驳说，在我早期的职业生涯里，我在两家非常成功的跨国公司都得到了肯定和晋升，并在几乎没有任何指导的情况下承担了数不胜数的职责。

那次谈话之后，我的沮丧有增无减。我开始怀疑自己是否真的适合硅谷、适合从事商业开发工作，甚至两者兼而有之。当一家第三方供应商进入 OpenTV 提供关于性别歧视的培训时，我冒着风险鼓起勇气与培训师进行了一次私人谈话。我描述了我的经历，并询问我的情况是否属于性别歧视。培训师闪烁其词，不愿正面答复。最终，我与培训师的对话并没有直切要害。因为我和老板对工作的期待大相径庭，所以我没有信心在为他效力时能够得到职业成长。由于老板不会轻易离职，所以我知道应该是我选择离开。

正在考虑跳槽和相应的风险时，我接到了一个技术猎头的电话，他正在为一家名为荣立（Junglee）的初创公司招聘产品经理。对此，我谨慎作答。据悉该公司的口号是"互联网就是数据库"，这口号听起来十分普通，而且再无聊不过了。荣立公司对技术的看法比我听过的所有理念都要离奇。通过构建可以在互联网上冒险复制或"刮取"任何网页信息的"小蜘蛛"（机器人），继而创建新的在线服务，最后将所有复制的信息收集起来。作为该技术的首次应用，荣立公司将互联网上数千家公司网站上的招聘信息收集起来，复制到雅虎网站（Yahoo. com）的招聘公告栏里，帮助求职者更轻松地寻找工作机会。

我对猎头公司描述的产品经理职位一无所知，我也从来没有想到自己会选择这个职位。产品经理是协助设计师确定在线服务或产品应该具有哪些功能以吸引用户的人。他们还与编写实际代码的工程师密切合作，帮助工程师了解用户需求。虽然许多科技公司不需要产品经理，因为程序员本人就可以兼任产品经理，但也有一些公司需要产品经理协助工程师整合用户在技术层面的要求，使工程师能够更有针对性地研发产品。虽然我对编程一窍不通，但仍被招聘人员说服，因为我只需要知道如何精确地把用户的需求告诉工程师即可（这是件双赢的事，因为我也得到了了解编程的机会）。

尽管有所顾忌，但最终我还是接受了荣立公司的面试。面试结束后，我感慨万千。在位于旧金山以南，距离旧金山大约一小时车程的加州森尼韦尔（Sunnyvale）一间狭小空荡的会议室里，我见到了荣立公司的创始人之一沃基·哈里那亚安（Venky Harinarayan）。他拥有斯坦福大学计算机科学专业的博士学位，该专业以培养成功的企业家而闻名。在斯坦福大学求学之前，沃基·哈里那亚安毕业于印度一所顶尖科技学校。除了才智，我还钦佩沃基坦率和低调的行事风格。

几天后，当我见到沃基·哈里那亚安的联合创始人阿希什（Ashish）、阿南德（Anand）和拉凯什（Rakesh）时，我同样感到心情久久不能平复。更让我兴奋的是，他们成功地聘请了拉姆·谢里拉姆（Ram Shiriram）担任公司总裁。谢里拉姆曾是网景公司（Netscape）早期的销售主管。总的来说，荣立公司的领导人都非常英明，也直言不讳；与我现在的老板相比，他们更可信、更直率，也更热爱工作。我收到了工作邀请，并很快签约成为荣立公司就业服务的产品经理，并辞去了 OpenTV 的工作。此刻，我感觉如释重负。

第二天，我在荣立公司的经历与我在 OpenTV 的经历恰恰相反，甚至是极为讽刺。当我走进公司位于森尼维尔的办公室，渴望学习产品管理的基础知识时，沃基和拉凯什问我是否愿意调换岗位。原因是荣立公司即将在雅虎网站上推出一项新的电子商务服务，帮助消费者在几十个购物网站上比较商品价格。创始人们争先恐后地想让服务尽快启动和运行，并希望我担任业务开发经理的角色。我的工作是打电话说服购物网站与我们建立合作关系，如果我们所提供的服务给购物网站带来了新客户，购物网站就要给我们相应的报酬。不要在意指导、培训或管理监督，沃基完全相信我能够适应这个新角色，并且帮助公司成长。创始人不仅没有要求我"低调行事"，反而希望我火力全开，尽快提高业务能力，获得职位晋升。虽然我从未打算重操旧业，但我又机缘巧合地回到了科技行业产品销售的工作中。

在接下来的几个月里，我四处奔波或者通过电话促成荣立公司与近100家在线商家签约，并成为这项新服务的合作伙伴。我们的努力引起了亚马逊的注意，我也曾主动打电话给亚马逊——虽然它当时主要在网上销售书籍、唱片和录像带，但它有更宏伟的规划。当时颇具魄力的年轻创始人兼首席执行官杰夫·贝佐斯曾设想，将来有一天亚马逊会帮助人们从网上的任意卖家那里找到需要的产品，无论需求的产品是否出自亚马逊的生产链。目前来看，荣立公司似乎拥有实现这一设想的核心技术。

1998年夏天，在我加入荣立公司6个月后，亚马逊以2.8亿美元收购了荣立公司，这是亚马逊扩大市场的第一步。我建立的在线商家合作伙伴关系是决定这次收购的关键因素。亚马逊给了我一份售后工作，负责招揽更多的在线卖家，让他们在亚马逊上销售产品。和其他荣立公司全职员工一样，我从旧金山搬到了西雅图，为新东家效力。我卖出的股票净赚了100万美元，这个数额对任何人来说都是天价数字，更不用说像我这样一个20多岁的年轻人了。

从OpenTV跳槽到荣立公司的决定给我的经验教训是要学会明智地承担风险——我的职业生涯多次印证了这个论断：在做出关键的职业选择时，我们不能低估人的价值和重要性。我当初签约英国天空广播公司和OpenTV，是由于对电视行业和娱乐行业的热爱。作为一名娱乐行业的狂热消费者，我认为与娱乐行业相关的工作肯定既有趣又令人兴奋。起初，我对荣立公司并没有很大的兴趣（但是很快我就对自己构建的服务产生了热情），这并不是关键。我之所以能够取得成功，是因为我身边的人都是我尊敬的人，我能够向他们学习，同时我也在他们营造的工作环境中茁壮成长。

当你在考虑职业生涯中需要承担的风险时，请注意：人对成功的影响要远大于事的影响。不要固执地认为爱上某个特定领域、工作类型或行业，就会让我们迅速攀上职业生涯的顶峰。要多关注事业上的贵人。

"事"的麻烦

无论在学校还是在工作中，我们都渴望研究有趣或感兴趣的主题。当参与到自己喜欢或感兴奋的主题时，我们会更有动力去努力工作——这就是"激情"所在（稍后再详述）。我们经常进行自我调整，以确保工作内容与既定目标保持一致。虽然这个想法合情合理，但实际上我们大部分的时间都在与同事、直接上司、其他领导以及合作伙伴共事。换言之，人际关系将会影响我们的实际工作内容以及工作方式。我们能否取得成功，很大程度上取决于工作过程是快乐、有成就感、鼓舞人心，还是过度低效、缺乏合作、耗费精力的。

如果我们每个人都能够独立完成工作，也许成败会取决于工作内容，但事实并非如此。相反，风险回报公式中的"人"对工作中的日常互动和机制产生了显著影响。我们身边的杰出人士可以提高我们对任何工作的参与度和兴奋度，使我们对正在参与的工作时刻保持好奇心。即使一开始我们并没有发觉某个特定工作如此有趣，但如果周围都是敬业爱岗、乐观向上和鼓舞人心的人，这份工作也会变得更加有趣。

优秀的人如何帮助我们抓住机遇

我们在第四章中谈到了如何在不知道怎样达成目标时学会弯道超车——通过接近正确的人和机会。当我们身边都是拥有我们所缺乏的专业技能的人才时，我们就能够在他们的帮助下更快地达成目标，而不是反复地利用试错的方式去理清事情的原委。弯道超车至少有四种不同的方式：渗透、主动挑战、辅导和社交。

当我们进行渗透学习时，我们只需要观察和模仿具有超凡能力的人。老板会鼓励我们尝试一些前所未有的挑战，从而扩展能力。当我们与要求我们接受新挑战的领导者一起工作时，我们会得到两全其美的结果：既有机会尝试宏图伟略的事情，又能在不知所措时提出问题或请求支援。我们常常认为，引领我们进入新领域的老板会让我们在短期内体验失败。但实际上，短期的失败是为长期取得成功做铺垫和积累——提升解决问题的技巧性和灵活性。

在社交过程中，我们会受益于与关注我们未来发展、给予实时反馈、时而放缓脚步以吸引或帮助我们夯实基础的领导者合作。当我们通过社交学习时，我们会受益于领导者。领导者的个人魅力吸引了专业领域内的优秀团队，让我们有机会通过参与讨论、辩论和互动的方式得到更快速的成长。

不管以什么方式学习，当追随优秀的人时，我们获得的好处和得到的成长远多于其他人。当我们为了跟上优秀的人的步伐而加倍努力时，优秀的人会教我们如何更有效地努力。当很久以后再回顾这段成长历程时，我们才能意识到自己到底成长了多少。有机会与杰出的领导者一起工作是抓住创新或创业机会的最佳理由：优质企业会吸引有远大抱负和能力过人的人。即使有朝一日冒险失败，我们也积累了一定的实力，拓宽了眼界。

只要我们的个人能力突出，曾经共事过的优秀的人也会给我们提供更多的资源。当我经营视频电商网站 Joyus 时，一位员工曾在一份关于员工满意度的调查中写道："在视频电商网站 Joyus 工作得到的最大回报是更多的工作。"虽然这个反馈不像是在表扬，但我还是发自肺腑地认同。作为一名领导者，我倾向于给那些在我的团队中赢得了尊重、信任和认可的人更多的工作（在我看来也是更多的机会）。

在以上案例中，我发现了想要进一步发展的人才。这就是我遴选人才的方式。虽然我们相信积极的反馈总是采取口头表扬的形式，但我发现那些不去麻烦别人而是自己默默承担更多责任的人实际上得到了最高形式的广泛认可——好的口碑。

最好的人脉

优秀的人本身也容易成为机会磁铁，能够以更快的速度从其他公司获得新的工作机会。但是，他们无法抓住所有机会，因此他们通常会将部分潜在机会转交给人际网络中表现良好的人。这就是为什么我认为老板、同事和同伴能够构成最好的职业网络。

商业书籍经常建议我们在商业活动或社交场合积极建立人际关系网，结识或接近与我们志同道合的成功人士。鉴于此，我突然能够理解为什么要做不速之客了——冒着小小的风险给人留下深刻的第一印象，作为回报，我们得到了一个靠一己之力永远得不到的新机会。尽管我们在鸡尾酒会上给自己施加了各种压力，但令人艳羡的职业机会大概率来自于长久的业务往来。当我们和其他人一起当学徒，学得更快并且表现出更愿意为师父努力工作的那个人更有可能得到师父的强烈推荐。正如管理学教授大卫·伯库斯（David Burkus）所说："在创造机会方面，'你的老朋友比你的新朋友更可靠'。"

荣立公司的创始人们继续为我敞开大门，为我带来了前所未有的机会。他们利用被亚马逊收购所获得的财富，开始投资其他初创企业。当他们遇到一位来自加州大学圣迭戈分校（University of California at San Diego）的计算机科学教授时，这位教授正在利用类似荣立公司的技术进行下一次创业，他们很快就给这位教授提供了资金。当创始人们希望受助者寻找第一位联合创始人时，我得到了创办自己公司的机会——Yodlee。

5 年后，在我思考将来离开 Yodlee 时，荣立公司的管理团队再次帮助了我。荣立公司的前总裁拉姆·谢里拉姆是谷歌的第一位天使投资人，也是董事会成员。当他得知我正在寻找下一份工作时，他很快建议我与谷歌的创始人和该公司的最高业务主管（我在创业大会上见过他们）取得联系。不久之后，我与谷歌的首席商务官奥米德·科尔德斯塔尼（Omid Kordestani）共进了午餐。我告诉他，我希望能够创办一家初创公司，而不是加入像谷歌这样的公司。谷歌当时有近1000名员工，对我来说规模太大。

距离这次会面8个月后，我仍然在思考Yodlee下一步的走向。奥米德再次打来电话，告诉我谷歌内部正在筹建"新领域"的业务——这是一种与雅虎地图、美国在线地图服务以及传统的价值数十亿美元的黄页行业竞争的产品。在做了一些前期调研后，我意识到像这样的企业潜力无限，于是同意接受面谈。不到两周时间，我就收到了谷歌地图和本地搜索首任总经理的邀请。我自己都对接受这份工作感到惊讶。感谢拉姆对Yodlee的投资，更要感谢他开启了我职业生涯的新篇章。

虽然我从创业初期就在努力扩大自己的人脉网，如今已经结识了包括Yodlee、谷歌、Joyus、StubHub等公司的同事，但我始终认为荣立公司的创始人是我在硅谷最好的导师之一。每当我面临严重的职业危机时，我都会向沃基寻求帮助。与此同时，当我有机会帮助人脉网中的其他人时，我也会很高兴地答应。我希望他们现在也能把我纳入他们的人脉网，这样在其他人的职业生涯早期，我也有机会作为领导者和企业家与他们进行密切合作。

随着事业的发展，我发现自己的人脉网由三个圈子组成。最外层的圈子包括一些我根本不认识的人，但我一直很钦佩他们通过领英（LinkedIn）给我打电话，在推特（Twitter）上向我提问，或者努力在自己的行业内做出成绩以尝试吸引我注意的勇气。即使不能答应每个人的请求，我也会尽力回复收到的大多数信息。在中间的圈子中，有我的熟人、以前的同事或我信任的仍然保持联系的人。如果我能为这些成员提供方便，我会尽力帮助他们。我会把简历传给我的网络专员，并在必要的时候与相关的人员见面。选择可能性教会了我发现意外的能力，如果能在行业内帮助人们建立联系、促成合作，我愿效犬马之劳。

我把最有力的支持留给内心最深处的人，也就是人脉网中最内层的那个圈子——有的是我第一份订单的客户，有的是我认可的"最佳"人选。我之所以把这些人放在人脉网的最内层，不是因为他们的地位或声望，而是因为我们以一种深刻而有意义的方式紧密合作过。因为我曾对他们的优势和有待开发的领域进行过深入了解，所以我会用自己的信誉来助力他们取得成功，为他们所做的工作进行担保。当你和一群人有过同甘苦、共患难的经历后，你们会真诚相待、肝胆相照、相互扶持，形成人脉网中最可靠的那一圈。

杰出领导者的"秘诀"

能够给你的职业生涯带来巨大改变的领导者都是可遇而不可求的人，因为他们有能力带来意想不到的好处。在《超级老板》一书中，悉尼·芬克尔斯坦讲述了一群有着非常才干的精英阶层老板的故事。这些"超级老板"拥有令人难以置信的多变性和个性他们来自不同的国家和文化背景，从事着不同的行业。芬克尔斯坦写道："除了基本的个性以及在培养全明星员工时不可思议的创新能力外，超级老板们还有更多的共同之处。"

当我回想起自己在美林证券的美好工作经历时，我在想如果当时把我的新老板——一位名叫亨利·迈克尔斯（Henry Michaels）的古怪的年轻董事总经理——理解为超级老板式的领导者，他可能会在某种程度上给我的职业生涯带来更大的进步。事实上，他确实助力了我职业生涯的发展，对此我仍然心存感激。

我是在被指派为金融机构集团的分析师时第一次见到了"怪人"亨利·迈克尔斯。亨利是一个爱抽烟斗、非常热情的纽约人。凭借突出的能力，亨利很快从助理晋升为总经理（投资银行业的最高职位）。他负责与储蓄和贷款公司打交道，帮助它们上市或收购其他实体企业。

起初，我对进入金融机构集团感到很失望。我对研究银行和经纪公司的运作不感兴趣，更不用说像储蓄银行这样不起眼的金融机构了。但因为感恩于能在华尔街找到梦寐以求的工作，我最终接受了这项任务，并决心努力工作，以证明自己。

亨利是个一丝不苟、非常注重细节的人，他希望我能够像他一样。我的主要工作是准备"推销书"，即他给潜在客户展示的宣传册。宣传册的正文展示了亨利对行业、公司及其竞争对手的看法，宣传册的封底是关于他本人和美林证券作为客户融资或并购战略潜在顾问的资质介绍。我和我的分析师同事们与坐在华尔街摩天大楼深处的文字处理和平面设计人员们，一起夜以继日地准备这些宣传册。我们是幻灯片制作高手，致力于提供完美的宣传册。

我知道亨利希望宣传册每一页上的字体颜色、大小和脚本都是正确的。他也会抽查我对某家公司财务指标的计算，以确保数据不仅准确无误，而且能在每一列显示正确的小数位数。我努力工作以满足亨利对精确性的期望，这样我一步步地了解了储蓄和贷款行业及其各个公司的关键指标和比率的计算方法。

不久以后，我开始大胆揣测亨利在推销时偏爱的推介内容。他不用花太多时间来指导我，这一点令他感到欣慰。亨利越级亲自教我如何做生意——我们之间至少隔着两个级别。他一边抽着烟斗，一边给我讲推销的故事，向我讲述他推销的是哪家公司以及为什么要推销这家公司。他还带我去见重要的客户，这样我就可以旁听和学习。和其他优秀的分析师一样，我需要时刻带着厚厚的推介书。我很感激亨利给予我在他和他认可的大公司的首席执行官面前展示的机会。

我刚开始工作不久，亨利就赢得了长岛（Long Island）一家大型储蓄贷款公司的业务——这家公司想要上市，需要一名顾问。这一次，亨利让美林证券直接安排我参与这个项目——这种机会对年轻的分析师来说相当罕见。通常在参与"现场交易"之前，年轻分析师需要花一年左右的时间来从事制作推介书的工作。一名助理（一名长期在公司工作的工商管理硕士毕业生，她比我大几岁）也被分配到了这个团队。亨利继续直接给我布置工作任务、带我参加会议，有时绕过她，有时我和她同时在场，她似乎都不太高兴。亨利给我的曝光率越高，我就越紧张，但我也更快地学习和成长。第一年结束时，我不仅帮助一家公司成功上市，还成为公司所有部门中排名最高的分析师。这一成就为我带来了之前提到过的前往伦敦发展的机会。

做亨利的下属实属不易，但他会不断地给我机会去尝试和学习、承担更多的责任，并让我在工作中有获得感。在我的职业生涯中，我再也找不到比亨利更好的领导和榜样了。

那么，当你遇到像亨利这样多变古怪的领导者时，你怎样才能发现他的优点呢？正如芬克尔斯坦所指出的，超级老板往往具有一些共同的个性特征，包括真实、自信、正直和富有想象力。结合我的经验和芬克尔斯坦的部分研究成果，我还想补充三个其他的标志，以帮助你找到值得追随的领导者。

首先，你要看看这些领导者拥有怎样的公司。人以群分，好的领导者能够吸引聪明的人，并用自己的先进理念吸引人才。伟大的领导者是真正的人才磁石，他们周围都是聪明、自信、能力各异的人才。此外，优秀的领导者能够留住人才，并充分发挥出人才的优势。当你看到一个团队的内部会争论不休，但又会以良好的精神风貌聚集在一起时，此时你可以断定，这是一个强大的团队。因为他们的领导知道如何开发、利用和调动团队成员的潜能。

其次，领导者是否值得追随与我们自身的优势和能力有关。领导者自身不一定十全十美，但他们一定拥有我们欣赏但又缺失的能力。因此，当我们遇到与自己思维方式不同的领导时，他们会教给我们新的知识。从我的父亲到荣立公司的沃基，再到我在谷歌的老板奥米德，我所追随的领导者都具有与我不同的品质，包括极大的耐心、出色的社交能力、低调的风格，以及让他人感到被需要的能力（无论好坏，我在任何情况下都充满活力、积极进取、无私地分享观点）。通过表达我的想法，这些领导者让我在一个安全可靠的环境中发挥了自己最大的优势，同时也教会了我如何更有效地应对各种情况。

最后，为了判断是否值得为领导者效力，我还会评估他们的价值观是否与我的价值观基本一致。如果一个领导者与我们分享

潜在的价值观，我们更有可能理解和尊重他们。作为回馈，我们
更有可能长久地为他效力，做出有意义的贡献，处理棘手的问
题，同时最大限度地取得进步。我们很难在第一次见到一个人的
时候就判断出他是否与我们有相同的价值观。但我们可以研究他
的业绩记录（包括处理困难情况的过程），从现在和以前的同事
或直接下属那里了解他们的声誉。我们也可以直接询问他们的价
值观，将他们的回答与我们的心理预期进行比较，从而了解他们
的自我意识。

　　跑腿兔（TaskRabbit）前首席执行官斯泰西·布朗–菲尔波
特（Stacy Brown-Philpot）职业生涯中的一个重要阶段是在谷歌担
任领导职务。在回忆做出加入谷歌的决定时，她讲述了自己是如
何与公司领导进行了一整天的一系列面试。最终，她不仅折服于
面试官的智慧，还因与面试官的"价值观"一致而感到震撼。她
关注的是通过工作为社会做更多的事，而不仅仅是以赚钱为最终
目标。她发现，谷歌的员工基本上都是为了使命而工作，而不仅
仅是为了谋生。她回忆道，在谷歌工作的每个人都已经小有成
就，但他们说话时仍然十分谦逊，而且他们想要的是比自身更伟
大、更美好的事物……他们非常在乎谷歌的使命，甚至将谷歌的
使命置于自己的利益至上。为了实现目标，他们选择与更多的人
合作。她被这种团结、奋进的精神所吸引，被那些先人后己、心
有大爱、共铸辉煌的人所吸引。

　　最后，斯泰西·布朗–菲尔波特与即将成为她老板的谢丽
尔·桑德伯格（Sheryl Sandberg）会面，这是面试当天的高
潮。在这场会面中，布朗–菲尔波特又发现了一处价值观的

契合点。这一次不仅与使命和意义有关，还与管理方法有关。布朗－菲尔波特指出，桑德伯格并没有花太多时间询问她所擅长的领域或过去的经历，相反关注的是她为什么希望在谷歌工作。"桑德伯格明确表示，相较于我的个人能力，她对我的入职动机更感兴趣。我认为这是一个真正优秀的领导者的标志。领导者不仅要了解一个人有多聪明，还要了解是什么在驱动和激励着他。"

回顾我的职业生涯，我相信正是一致的价值观才激励我在工作中表现优秀，而在少数情况下，不一致的价值观让我在工作中痛苦挣扎。我在美林证券、英国天空广播公司、荣立公司、谷歌、Yodlee 等公司遇到的优秀领导和企业文化，都体现了我最认可的两种价值取向——真实和忙碌。在 OpenTV，我很难与和我价值观不同的领导共事（这些都是后知后觉）。在我职业生涯的后期，我又犯了另一个关于价值观不一致的错误，而证明错误的结果需要付出更大的代价。

如果你要跟随某人去承担重大风险，先要确保此人是否值得追随。正如芬克尔斯坦所言，"在大多数行业中，超级老板是伟大的教练、才华的点火者、领导力的培训师。实际上，超级老板掌握了大多数老板不具备的能力——铺就一条让他人成功的非凡之路。"无论我们找到一个真正的超级老板，还是普通的老板，承担风险前的首要任务是重视与我们共事的人，就像重视我们正在做的事情一样。

人 + 事 = 神奇

当我们权衡是否要对正在考虑的选择中的人或事承担风险时，我们应该记住不必权衡。我们应该找到自己感兴趣的工作，并与那些能够激发我们自身学习动力和影响力的人一起工作。当人们问及我的职业生涯时，我经常会告诉他们，"为优秀的人做伟大的工作"为我开启了取得快速进步并获得职业成就感的大门。但当我们优先寻找那些能够教导、充实、挑战、激励我们学习的人时，可能会发现自己更在意自己选择关注的人和事，并受到更大的激励。

行动指南

- 为了更明智地冒险，将"人的因素"置于优先考虑的位置。
- 优秀的人通过渗透、主动挑战、辅导和社交等方式来帮助我们学习。
- 善于寻找有潜力的超级老板，看看他们怎样吸引人才，他们的优势和技能，以及你与超级老板价值观的契合程度。

Chapter 07

第七章

这不只与你有关

在我冒险搬到加州后的 10 年时间里，我的事业蒸蒸日上。我从一家科技初创公司的初级业务开发经理，一路成长为谷歌公司最高管理层成员之一。在此过程中，我帮助建立了一家初创公司，并成功地卖给了亚马逊。我还成立了自己的第一家科技公司。我帮助谷歌推出并拓展了几项新业务，包括国际业务和谷歌地图。

我把自己的职业生涯变成了一艘充满机遇和成长的火箭，这让我得到了很多赞誉。的确，我让自己沉浸在选择可能性的过程中，坚持不懈地工作，积累成功和失败的经验，培养专业能力和领导水平。总而言之，我非常幸运。

1997 年，当我到达旧金山湾区时，互联网行业正在突飞猛进。这一年，三年前才刚刚成立的亚马逊作为一家在线书店上市。直到 1998 年 9 月，如今的搜索引擎巨头谷歌才成立。而雅虎是当时的巨头，它的理念是建立一个将每天的新闻、体育、娱乐和股票行情等集中在一起的门户网站。风险资本家在消费者可能想要在线获得的任何新服务中都投入大量资金，而企业家们则在梦想着消费者很快就能在更小的移动设备上做些什么。当时，最流行的用于传输数据的移动设备是黑莓（BlackBerry），这是一种带有全键盘的移动手持设备，业务繁忙的高管们用它来收发电子邮件。1997年，初创公司无限星球（Unwired Planet）与当时三家最大的手机公司——诺基亚、爱立信和摩托罗拉合作，商定了一种名为无线应用协议（Wireless Application Protocol，简称WAP）的标准。该标准可以让各个公司更好地跨网络传输数据，从而促进相关行业的发展。

我真希望可以说自己是个天才。我能够预见到互联网的增长速度和规模，知道科技行业的哪个领域会发展得最快，但我宁愿不跟你自吹自擂。虽然作为一名消费者，我知道美国在线或雅虎等更知名的科技公司，但我对行业的内部消息一无所知。我主要专注于为自己寻找创业机会，但这并不重要。整个行业都在加速发展，我也因此抓住了巨大的机遇。事实上，我只是搭乘了一个最大的商业顺风车——互联网的急速发展。

善于抓住机会的人比大多数人对外界环境更敏感。他们意识到外部力量会不成比例地影响成功率，因此在选择要承担和避免哪些风险时，他们会尽可能地尝试预测这些外部力量。他们寻求识别和驾驭顺风趋势，这可能会提高成功的概率，并尽可能地避免逆风情形。我们都应该努力做到这一点。要成为聪明的风险承担者，我们必须认真评估周围不断变化的环境如何影响我们的选择。我们必须努力识别可能为我们提供燃料的外部可能性，以帮助我们实现既定目标。

控制的神话

可能你觉得在做出选择时考虑重大的外部趋势是件奇怪的
事，许多人也是这么想的。许多人往往会忽视周围环境中的有利
因素，而把注意力集中在我们自身制订完美、严密计划的能力
上。社会教育我们要珍视自由、自觉、自主和毅力，因此我们认
为冒险就是我们的全部，所有因素都应该在我们的控制范围内。
如果我们足够努力、充分思考、足够仔细地策划行动，足够勤奋
和努力地坚持执行计划，我们就一定会成功。同样，我们将经历
的任何失败都内化为自己的失败。如果我们不能凭借自己的智慧
和勇气把梦想变成现实，那么我们一定在某种程度上存在根本性
的缺陷。

正如研究人员和哲学家所观察到的那样，人类有一种情感上
甚至是生理上的需要——想要控制自己的命运。当我们缺乏选择
的能力时，就会对自己的能力失去信心，感到无助，更容易患上
抑郁症和其他疾病。正如学者们所论证的那样，"控制的需要是
由生物学驱动的，这意味着控制需要的生物学基础已经被自适应
地选择用于进化生存。"当然，我们可以预测和控制结果的概念，
有助于我们在挑战中保持追求目标的动力。如果我们不能选择自
己的命运，只能受制于周围的环境，那么为什么还要费尽心思去
追求雄心勃勃的目标呢？

摆在我们每个人面前的机会是，通过我们的选择、行动和反
应来塑造命运，承认我们无法控制的环境。我们可以假定外部条

件是静态的或中性的，但这一假设很少成立。如果我们坚持相信这种控制的神话，就有可能挫败自己努力的信心。我们拒绝了学习的机会，无法识别和接受影响我们选择的力量。如果继续将所有的精力投入既定计划中，我们可能会错失机会，无法抓住环境带来的发展机遇。

通过上述方式，"控制的神话"会让我们自相矛盾地对自己的命运失去控制。如果我们能戒掉这个迷思，并在选择可能性的时候对顺风和逆风的形势保持警惕，就能更好地把握选择的时机，利用这些积极或消极的宏观趋势，学会预测新的力量，成为更好、更有效的冒险者。

地铁和椰子

识别有利因素和不利因素，并不意味着试图完美地预测未来。管理专家斯佩诺斯·马克瑞戴克斯（Spyros Makridakis）、罗宾·M.霍加斯（Robin M. Hogarth）和阿尼尔·葛巴（Anil Gaba）在撰写有关商业预测的文章时指出，即使使用最先进的技术，我们也无法准确地预测未来。我们无法完全从过去推断出未来，因为"未来往往有点像过去，但永远不会与过去完全相同"。即使使用复杂的数学模型来预测未来，我们也会发现数学模型很难解释所有关于过去的数据，也很难准确预测未来。人类的分析并不优于统计模型——事实上，由于对自身缺陷的无知，我们更难通过分析预测未来。拥有大量的专业知识并没有什么帮助，因为专家通常也不会比普通的消息灵通人士预测得更准确。

　　鉴于过去和未来存在不完全的相似之处，我们所能做的是在做出选择之前，评估已经存在的趋势，识别当前可见的条件，并据此对未来可能发生的事件做出粗略的猜测。根据分析结果，马克瑞戴克斯、霍加斯和葛巴区分了完全不可预测的事件和虽然不可完全预测但具有一定暗示的事件。当去上班的时候，我们可以对地铁列车的准时或晚点情况进行统计建模，并将这些变化纳入我们的计划中，比如每天早到 5 分钟。但是，无论我们的预测有多复杂，都无法预测和计划各种反常的事件，比如度假时一个椰子掉在了我们头上。正如作者所观察到的，反常现象"并不像你想得那么罕见"，它们可能是积极的（比如中彩票），也可能是消极的（比如该死的椰子）。

　　为了成为更聪明的风险承担者，我们应该尝试预测可能影响选择的更大的"地铁式"趋势，并将其纳入我们的决策。这些趋势可能是宏观发展趋势，比如消费者行为或正在考虑进入的行业的增长规模；也有可能是更具体的趋势，比如公司或部门利润增长的规模和速度以及原因。为了驾驭当前的顺风形势或避免当前的逆风形势，我们需要观察实际发生的情况，并继续朝着相同的方向进行合理假设。我们无法完全预测所有趋势的规模或变化速度，但是没有关系，大致确定哪些因素可能有助于或阻碍我们正在考虑下的赌注，我们仍然会增加选择成功的概率。我们将为自己创造更多的机会，加快成功的速度。

为何要顺势而为

　　分析师撰写了大量的文章，以阐述宏观趋势和外部条件对企业长期取得成功的影响。研究表明，识别和利用外部条件的公司往往比只关注自身并寻求对运营进行微小改进的公司发展得更快。同样，当公司试图只通过进行小规模的运营改进来克服显而易见的阻力时，它们更可能节节败退。

公司怎样把握宏观趋势，对我们自己承担职业风险具有重要的指导意义。当在蒸蒸日上的公司工作时，我们可能会看到自己所能获得的职业机会大幅增加。公司为了快速发展而大幅增员时，个人工作的范围和规模将不断扩大。有能力的人将更快地接受新的职位和挑战，包括内部晋升和同级轮岗到新领域的机会。即使是成长较慢的部门的员工，也可能会经历巨大的职业成长，因为新的部门或团队会顺应新的商业趋势应运而生。

根据我的经验，专业人士在做决策时更关注企业的绝对规模，而不是核心的业务方向。为什么要离开一个重要的大型业务部门，加入一个规模虽小但发展迅速的全新团队？这种选择可能会让人误以为是降职，其实不然，这种选择往往会成为我们弯道超车的最佳机会。

世界上最著名的首席执行官之一，微软的萨提亚·纳德拉（Satya Nadella），正是利用一波强大而又特殊的机会晋升到了公司高层。2011 年，时任微软首席执行官的史蒂夫·鲍尔默（Steve Ballmer）邀请纳德拉接手微软的一项摇钱树业务——服务器和工具业务（Server and Tools）。纳德拉是一名德高望重的领导者，也是微软的资深员工。该部门负责监督公司在其大型数据中心使用的产品，例如 Windows Server（支持微软的旗舰产品，Windows 操作系统）。在这个部门里，一群员工正在下一个全新的赌注：

微软的 Azure 云计算平台。尽管 Azure 云计算平台在微软还处于起步阶段，但这项服务最终可能会改变微软的主要收入来源，因为它会削弱公司为其数据中心购买越来越多的软件和服务器的需求。

因此，Azure 云计算平台的发展在微软公司内引起了巨大的恐慌，因为它本质上将与该部门赖以生存的软件和服务器销售竞争。纳德拉在他的著作《刷新》（Hit Refresh）中指出，"公司内部在云计算业务的重要性上存在着严重的分歧。不同的利益集团之间在不断地博弈。一方面，该部门的领导们会说：'是的，我们应该孵化云计算业务。'但另一方面，他们又会很快警告道：'记住，我们必须专注于我们的核心业务——服务器业务。'"

纳德拉并没有回避这个新的业务领域，而是将云托管服务视为宏观趋势，并断定微软必须成为云托管服务的一分子，才能在将来的市场中更有竞争力。亚马逊网络服务（市场上最大的云托管服务商）已经成为亚马逊增长最快的细分市场和利润中心之一。发现机会后，纳德拉便在微软的云产品上花费了大量的时间和精力。尽管公司内部存在质疑，但他仍然试图帮助公司抓住这一重要机遇。"我对未来的发展方向有很清晰的认知。"他回忆道。

纳德拉及其团队的所有努力，是否对他本人及公司业绩构成重大风险？答案是肯定的。但他也预感到，通过追随云计算服务的流行趋势，可以给公司带来超乎想象的巨大回报。

随着云计算业务的蓬勃发展，微软不再沉寂。2014 年，纳德拉被任命为微软的新一届首席执行官。他带领公司实现了巨大的转变，帮助微软重新确立了世界顶尖科技巨头的地位。正如纳德拉所说："一个领导者必须看到外部的机遇和内部的潜能，善于寻找内外两者之间的联系，并抢占先机。"同样，作为个体，我们也必须善于发现外部机会，将外部机会与我们自身的能力相匹配，并紧随前进的步伐。

逆势而为的伤害（或启示）

尽管部门、公司和行业在顺境中取得了较快的增长，但那些克服巨大阻力的部门、公司和行业仍面临着持续的压力，需要抓住机遇，转型升级，保证业绩。在面临阻力的部门中工作的个人，也会承担相似的压力。幸运的是，在这种情况下，我们并非无能为力。一旦找到努力的方向，我们就能抓住发展的机会。

第一步也是最明显的一步，我们需要认识周围那些可能会影响我们职业发展的负面力量的规模和重要性。正如我们在下行风险规划中所看到的，我们只有花时间去理解它们，才能发现如何在不利条件下生存并茁壮成长。识别更大、更容易观察到的逆境似乎会强化典型受害者的心态，让我们感到无助，并相信一切不幸都会发生。相反，中肯地评估外部环境以及我们的过去经历和潜在反应，可以让我们在充满挑战的情况下拥有更多的自主权。

例如，我们可能会发现，公司增长的停滞意味着在公司内部向上流动的可能性减少，或者我们当前的业务范围拓展受到限制。另一种情况是，我们会发现资金紧张的公司会削减执行新项目所需的大部分资源，而新项目却是来年最大的增长点。有了以上信息，我们就可以调整期望值，并从战略上思考如何做出最好的应对。

当然，其中一个选择就是离开，到其他地方寻找一个更适合个人职业发展的外部环境。切记，务必三思而后行。富有挑战性的环境往往会为我们提供更多的职业机会，我们也能在当前的工作中找到做出更多贡献的机会，加速我们的成长和发展。考虑到公司争夺顶尖人才的难度，我们的经理可能会要求我们承担新的工作职责或提高团队的效率。愿意接受新的挑战和目标，包括挑战困难的目标，会拓宽我们的能力，让我们有机会获得更大的影响力，并对未来的雇主更具吸引力。如今，招聘人员将灵活性和适应力列为最具吸引力的特质之一。逆境可以让我们能够以前所未有的方式培养和展示这些技能。

回顾具有开拓精神的银行业高管简·弗雷泽（Jane Fraser）的职业生涯，你会发现逆境可以提供巨大的可能性。作为花旗集团的首位女性首席执行官（也是首位领导全球领先金融机构的女性），弗雷泽的崛起至少经历了两次重大转机，期间她曾面临过严重的危机。2013年，她被任命为花旗集团抵押贷款业务部门的负责人，当时公司仍在艰难地从大萧条引发的次贷危机中复苏。在她的监管下，公司花费了数亿美元，解决了向政府贷款机构兜售的不良抵押贷款的相关索赔。接下来，弗雷泽领导了花旗集团陷入困境的拉美业务部门的转型，进行了战略投资，并整顿了对不道德行为过于宽容的企业文化，最终扭亏为盈。正如一篇媒体报道所指出的，"弗雷泽因整顿花旗集团的麻烦而出名。"在处于逆境时要三思而后行，这可能正是你登上顶峰所需要的机会。

处理好突发事件

在商业领域中，顺境和逆境都非常常见，我们可以轻易识别具体情况或变化趋势，并一如既往地做出反应。相比之下，我们几乎无法应对职业生涯中的突发事件——外部环境的突然变化是不可预测的，而且可能在一夜之间显著地改变我们的现状。虽然我们不希望在有生之年遇到这些意想不到的突发事件，但它们同时也为我们提供了前所未有的专业性和个性化的成长和学习的机会。

2012 年，在竞选美国国会席位失败后，拉什玛·萨贾尼成立了女孩编程俱乐部（Girls Who Code）。这是一家致力于帮助年轻女孩在计算机领域获得专业技能、学位和职业机会的非营利组织。该组织规模的迅速扩大得益于美国大熔炉般的社会环境。到2020 年，该组织已为全球 30 万名女性提供了服务。一直到 2020年，女孩编程俱乐部的成员达到 8500 名，开展了 80 项科技公司的夏季沉浸式项目，其影响覆盖 80000 名大学校友。然而，2020年 3 月，令人毛骨悚然的意外来袭：新冠肺炎疫情大暴发。由于该组织的活动都是线下进行，所以几乎一夜之间所有的活动都戛然而止了。由疫情导致的经济危机威胁到了该组织的活动资金。

对于当时正在休产假的拉什玛来说，这场危机无疑是真正考验人性的时刻。"我有近 50 名全职员工和数千名兼职员工，他们的医保和工资都需要我来支付。在那一刻，我必须做出选择。我们是否需要创造一个虚拟产品？还是静观其变，等待疫情过去？"

改变方向既意味着巨大的风险，也意味着痛苦的选择。实际上，拉什玛打算让这个组织进行转型，即设计在线服务。当时，任何人都无法预计拉什玛和她的团队是否能够成功实现这一目标。

考虑到疫情的大流行不会很快过去，而且虚拟教育在中短期内将成为必需品，拉什玛和她的团队决定转型。在 8 周时间内，该组织设计、建立并推出了虚拟课后俱乐部、虚拟暑期沉浸式学习项目和远程教育学习产品。正如拉什玛所预料的那样，她的团队"在无法预计这场危机将持续多久的情况下，能够尝试全美各学区没有做过的事情，那就是做出艰难的决定——冒险。最后，他们的努力成功地为成千上万、甚至数百万的学生提供了服务。"到 2020 年 8 月，也就是疫情大暴发 5 个月后，女孩编程俱乐部已经通过虚拟方式教授了 5000 多名女孩，并因在全美范围内制作了一款创新教育产品而受到广泛关注。"我们不仅度过了危机，"拉什玛说，"而且我们还在危机中获得了茁壮成长。"

拉什玛并不是唯一一个将突发危机转变为学习和成长的潜在机会的人。正如一项研究表明，企业高管可以通过承担困难、繁杂的任务和解决周围的问题，大大加快他们成为首席执行官的进度。"当面临危机时，"该研究的作者指出，"新兴领导者有机会展示他们冷静评估形势、在压力下做出决策、承担有计划的风险、团结他人、在逆境中坚持的能力。换句话说，这是胜任首席执行官的必备能力。"

引潮者还是弄潮儿

到目前为止，我们已经讨论了在做选择时识别和应对显而易见的趋势的重要性。在我们的职业生涯中，令人兴奋的风险包括敢为人先、崭新的机会、颠覆性的机会等。我们应该如何看待这些机会？我们是否应该创办或加入那些以营利和增长为目标的公司，率先发现一种新兴趋势并改变人们的行为方式？

长期以来，硅谷一直推崇"颠覆性"公司的理念，企业家们推出了许多新技术去开发突破性的产品，以赢得客户的追捧。我希望更多的人能够经历追求梦想和从头开始的过程。的确，这是我们做过的最有趣、最有雄心、最有创造力、最有回报的工作。我把职业生涯的大部分时间都放在了创新上，通过创新的方式挑战自己，实现了巨大的个人成就和职业发展。但选择成为潮流引领者是一种极其特殊的冒险。就提升能力的机会而言，这是显而易见的，但当关系到做第一是否真的会带来经济收益时，结果则是喜忧参半。特别是在金融风险方面，我们有必要了解创新的利弊。

1999 年，在我来到硅谷两年后，亚马逊成功收购了我加入的那家初创公司。我受邀与人共同创建了一家前景大好的金融科技初创公司 Yodlee。与 5 位亚马逊工程方面的联合创始人见面后，他们设想的技术给我留下了深刻的印象。当时，亚马逊即将提供的服务包括安全地访问个人账户、查询银行余额、查询账单、查询航空公司奖励计划等。该服务还为用户提供在同一个屏幕上呈现所有个人信息的汇总视图。Yodlee 获得了天使投资者的大力支持，12 名工程师日夜编写代码，一名业务人员也加入了创始团队，帮助他们进一步开发业务、推广服务，共同创建一个完整的商业模式。

当时我刚满 29 岁，为了实现成为一名企业家的梦想，我准备离开亚马逊。

1999 年夏天，我们从硅谷两位最著名的风险投资家那里筹集到了 1500 万美元，并承诺成为"保管所有个人信息的雅虎"。但在这一计划出台后的一年时间之内，我们发现，要让大量的消费者直接接受我们的服务是很有挑战性的，因为他们需要足够的信任才能把所有的个人密码都托付给我们。于是，我们转而向花旗银行和美林证券等大型金融机构提供服务，希望我们的服务能够通过它们的信用担保间接地推销给消费者。

Yodlee 最终成为一家企业对企业的软件供应商，通过向大型金融机构授权服务，筹集了超过 1.41 亿美元的资金，并实现了创收。然而，在 Yodlee 成立的第一个 10 年中，消费者从未通过我们的合作伙伴接受我们的服务，因为我们的服务是当时的人所无法理解的。消费者习惯于通过邮件接收和支付账单，并且只允许在线访问一小部分金融账户。通过让消费者有机会在同一网页编辑所有信息，我们提供了太多他们还不需要或不够重视的功能。

尽管收入增长比我们预期的要慢，但是 Yodlee 还是坚持了下来，并筹集了更多资金。它在 21 世纪初繁荣的互联网和萧条的经济中幸存下来，成为许多新兴金融初创公司的支柱服务，在幕后收集这些初创公司运转所需的数据。2007 年，个人理财网站 Mint 上线，它的消费工具让用户赞不绝口，但也未能吸引足够的用户。仅成立 3 年，创始人就以 1.7 亿美元的价格将公司卖给了财捷集团（Intuit）。这是明智的选择，虽然 Mint 只有 100 万客户，但用户对其承诺的服务依然热度不减。

　　大约在 2010 年之后，越来越多的消费者开始通过网络进行理财。在风投资金的推动下，金融服务技术行业开始加速发展。2014 年，也就是 Yodlee 成立后的第 15 年，该公司上市，估值高达 4.5 亿美元。尽管 Yodlee 是第一家金融服务公司，但该公司从未成为同类服务中规模最大的一家。2013 年，一项名为 Plaid 的更新软件服务应运而生，它服务于个人理财，并于 2019 年被跨国金融服务公司维萨（VISA）以 53 亿美元的价格收购。尽管如此，作为行业先驱和支柱，我依然为 Yodlee 所取得的成就感到无比自豪。

　　Yodlee 的许多员工相继收到其他位于硅谷的公司的工作邀请，或者自己创业。我也不例外。我于 2003 年离开了 Yodlee，那时公司已经成立了将近 5 年。公司没有给我留下任何高级职位——首席执行官的位置被安尼尔·阿罗拉（Anil Arora）占据，他是我多年前招聘到 Yodlee 的高管（顺便说一句，当时的招聘信息写在餐巾纸背面的广告中）。幸运的是，我在 Yodlee 建立的声誉使谷歌对我产生了兴趣，我成为谷歌首批 1200 名员工之一。

　　尽管 Yodlee 在行业内取得了巨大的成功 [丹尼尔·P. 西蒙（Daniel P. Simon）在《金钱黑客》（*The Money Hackers*）一书中讲述了 Yodlee 取得成功的故事]，但我并没有赚到多少钱——在 16 年的时间里我总共赚了 30 万美元。作为排名最后一位的创始人，我的股本本来就很小。考虑到 Yodlee 需要筹集大量资金来维持 16 年的运营，我的股份被稀释得越来越小，直至微不足道。在实现财务业绩的多年时间里，Yodlee 每年的税前价值仅为 2 万美元，税后价值约为 1 万美元。与此同时，亚马逊——我放弃了亚马逊的股票并加入了 Yodlee——借助网络购物的飞速发展和卓越的执行力到达了顶峰。从 1999 年到 2020 年，亚马逊的股票价格从 97 美元上升到了 3500 美元，2020 年的总估值为 1.8 万亿美元。

Yodlee 的创始团队从未预料到消费者采用在线金融服务的过程和规模如此迅速和庞大。我们也未曾想到，我们在趋势预测方面引领了世界。同样，我也没料想到亚马逊会从一家图书销售商转型为一家电影制片厂，一个比沃尔玛还大的配送和物流巨头，一个被数百万在线企业使用的云计算公司。但这一切都无关紧要。通过建立自己的公司，我从 Yodlee 获得了丰厚的职业和经济回报，历练了自己的领导才能，赢得了创新者和领导者的声誉。这些成就反过来又为我开启了许多其他的职业机会，包括加入谷歌，在那里开拓新的业务，之后以董事会成员和投资者的身份参与到庞大的金融科技领域。

试图准确预测用户何时会接受潜力无限的产品概念是一件棘手的事情。如果时机不对，即使是最好的团队和天才也很难成功。硅谷有一句老生常谈，但值得被重复的话："在伟大的团队和糟糕的市场之间，糟糕的市场会赢。"然而，如果你能忍受市场的不确定性，创新将为你带来最大的职业回报。最根本的是，你获得了一个加速学习和成长的机会。当我们走出第一步时，我们面临着一条更不可预测的道路，但我们学会了不计后果地以超级英雄的水平进行预测、评估、回应和改变。

梦在远方，路在脚下

试着评估你过去的冒险尝试，回顾自己的努力以及当时的宏观环境，再与你仰慕的看似成功的人所采取的行动进行类比分析，你可能会发现：在评估风险时，我们可能会高估、低估或根本无法预测周围的外部条件。我们既没有像我们在最糟糕的结果中看到的那样糟糕，也没有像别人在我们成功时看到的那么英明。

我们不能单凭意志来控制每个结果，但我们可以选择下一个目标，通过不断识别和定位自己，以适应周围不断变化的力量，最大化成功的机会。我们应该振作起来：无论是顺风顺水，以比想象中更快的速度发展，还是在逆境中承担更多的责任和风险，我们总能找到更多合适的机会。苏斯博士（Dr. Seuss）有一句不朽的名言："梦在远方，路在脚下，勇敢追梦。"

行动指南

- 外部环境不受控制地影响着选择的成功概率。千万不要相信控制的神话。
- 我们可以预测顺境和逆境（就像"地铁"的时刻表一样），以找到增长的机会，但不能完全预测突发事件。
- 在加入某部门、公司和行业时寻找有利因素。在不利的情况下，寻找机会加速学习和成长。

第八章
如何对自己下注

我有一个40多岁的朋友，她叫玛格丽特（Margaret），是一名非常成功的编辑。在学校时，她一直是一名出色的作家——事实上，她是一个写作方面的天才。大学一年级的时候，教她写作的教授在学期中途把她叫到办公室，说她的写作水平远远高于班上的其他同学。教授打算给她这门课 A + 的成绩，前提是要求她继续参与课程的学习，并指导其他同学完成作业。

玛格丽特在其他写作课程上也有类似的经历。但她直到30多岁时才开始以写作为生。在此之前，她的职业生涯飘忽不定。她通过从事各种职业，努力寻找正确的方式来传递她的激情、优势和价值观。

玛格丽特还是一位技艺高超的"音乐家"，周末会在酒吧和派对弹钢琴赚外快。大学一毕业，玛格丽特就想从事写作或音乐方面的创意职业，但她的父亲却有不同的想法——他希望女儿选择"更安全""风险更小"的工作。

父亲问玛格丽特："获得人类学博士学位并成为教授怎么样?"玛格丽特喜欢人类学，并且在这方面做得很好。她习惯于学术界的结构化环境。作为一名教授，她可以一边做研究、写文章，一边演奏音乐，同时过着旱涝保收的生活。

玛格丽特对成为一名饥寒交迫的艺术家的生活前景感到恐惧，对有机会花时间阅读、写作以及参与学术交流的生活感到好奇，于是她听从了父亲的建议，申请了顶级博士课程。她被几所大学同时录取，而她选择了一所能够给她提供奖学金和助教奖学金的以低成本获得学位的学校。

但研究生院的生活并不是玛格丽特所期望的。智力对话稀少，同学之间竞争激烈，渴望讨好教授，有利于开创事业。另外，在教学和学习之间，玛格丽特的工作量巨大。最令人担忧的是，玛格丽特的教授们并不重视玛格丽特喜欢的那种时尚、有创造性的写作，而她在这方面天赋异禀。教授们指导她写出研究性很强的散文，而玛格丽特觉得这些散文索然无味，只会吸引一小部分学术专家。他们眼中的写作仅仅是一种精确传达思想的工具，而不是一种能够取悦和激励成千上万甚至数百万人的艺术形式。

第一学年后以及此后的每一年，玛格丽特都渴望退学去尝试其他东西，但她的父亲和学术顾问都告诉她要坚持下去。他们认为，玛格丽特非常擅长写人类学方面的文章，如果她能拿到人类学的博士学位，有一天她会成为一位了不起的教授，并有稳定的职业生涯。她耐着性子听着，但当她继续做一些重要的事情时，她变得越来越沮丧，觉得自己在学术界十分压抑。尽管如此，她还是无法说服自己放弃，因为她害怕失去明确的目标或前途。此外，她勉励自己一定要朝着那个神奇的里程碑前进——博士学位。

8 年后，当玛格丽特快 30 岁时，她终于获得了博士学位。也正是在那时，她知道自己再也无法忍受学术界的职业生涯，所以她不再强求。当同龄人都申请了学术工作时，她拒绝了。由于不知道该做什么，父亲建议她找一份稳定的工作，于是她申请了法学院。她被录取了，并获得了不错的奖学金，但她非常讨厌法学院的课程，只上了一个学期就退学了。在那之后，她又漂泊了几年，先是做了一名研究人员，然后又找到了一份公司职员的工作。

玛格丽特的"突破"发生在被公司解雇之后。几个月来，她与世隔绝，情绪低落，靠政府的失业保险维持生计。一天早上，她心想："我今天无事可做。"但她突然想到，"这意味着我可以做任何事情。我想做什么呢？"一个她从未想过的答案突然出现在脑海中："我想写故事。"

玛格丽特冲到电脑前，报名参加了当地的小说写作班。短短几次课程之后，她意识到自己不仅喜欢写短篇小说，而且还写得非常棒。她具有看待世界的独特视角，她天生就有一种能将他人视为"角色"的能力，并将这些投射到页面上。她的老师读了她提交的一篇故事——这也是她写的第一个故事——并发表在一家报刊上。

几个月后，一位文学经纪人看到了玛格丽特的故事，非常感动，他邀请她共进午餐。这是玛格丽特人生中第一次不再倾听别人给她的主意，而是专注于她自己特别擅长和热爱的事情。除了写作，她已经没有什么可失去的了。她把恐惧抛到九霄云外，奋力一搏。于是，她出版了更多的作品，并将自己的写作技巧运用到出版事业中，编辑了几十本书，其中包括几本畅销书。

读完前面几章之后，你可能会认为，在决定承担哪些风险时，你应该主要关注周围的环境。事实上，我们是谁以及我们的关系网对我们的成功起着至关重要的作用。当我们冒风险时，我们将赌注全部押在自己身上，押在将我们自己与周围不断变化的环境协调一致的决定、实验、行动、迭代、调整和斡旋的能力上。如果我们不仅能发现自己的激情所在，还能发现自己的价值和优势，就能做出更好的选择，充分利用优势，增加成功的概率。我们可以寻觅适宜的角色和环境，最大化地实现自己预期的结果。

我们经常向父母、顾问、朋友和其他值得信赖的权威人士寻求职业选择方面的帮助。不幸的是，如果他们的建议不能契合我们独特的天赋，有时就会把我们引入歧途。就像玛格丽特一样，我们可能会选择"安全"的选择，追求表面上看起来正确但与我们自身意愿不相符的目标。或者，我们会发现自己在做冒险选择时没有考虑这些职业能否体现我们的激情、优势和价值观。在某种程度上，我们做出的选择可以将自己置于一个更有利的位置，让自己茁壮成长。我们是自己职业生涯电影中的主角——不要忘记这一点。虽然我们不能控制外部环境，但当我们竭尽全力去预测和回应周围的情况时，我们的确可以获得主动权。但把赌注全部押在自己身上需要我们对自己具有深刻的了解——自知之明是在冒险时容易被忽视的先决条件。

自我意识的三明治

圣贤们早就建议我们追求充满激情和目标的生活，他们鼓励我们向内钻研，定义自己缺少的元素。马克·吐温（Mark Twain）曾说过："人生中最重要的两天，就是你出生的那天和你明白自己为何出生的那天。"然而，在冒险的过程中，我们到底应该怎样发现自我才能最大限度地提高成功的机会？

我认为自我意识如同自我理解的"三明治"，有助于指导我们做出选择（见图 8－1）。最重要的一层是能够自然地吸引和激发我们追求的激情。我们很容易发现，激情可以随着时间的推移而演变，有些在发展和深化，有些则在减弱。此外，我们在业余时间喜欢做的事情可能会也可能不会很好地转化为全职工作。鉴于我们可以对自己开发的技能或做出的独特贡献充满激情，我们不会将自己的职业轨迹固定在单一的领域上，即我们的激情是什么或必须是什么。相反，任何时候都要关注自己的激情所在，这样在做职业选择的时候，我们就能考虑到是什么给自己带来了能量和快乐，而不是被束缚。

激情：兴趣和爱好

超能力：力量和技能

价值观：你所认可的美好、公平和正义

图 8－1　自我意识的三明治

下一个层次位于自我意识三明治的中心，我们找到了自己的核心要素：自带光环的特质以及一生中积累的专业技能和知识。虽然我们可以培养更多的技能（如专业沟通、领导团队或深入了解行业的能力）并获得更多的知识，但我们与生俱来的个人能力（如与他人共情的能力、战略性思维的能力等）才能真正使我们与众不同，并使我们能够在某些任务中脱颖而出。当然，我们的一些收获将会因为自身的光环优势变得更容易获取，而有些收获则需要更多的努力，这源于我们的天性。例如，我的销售技巧得益于我天生外向、精力充沛的个性。这是一个充分证明了后天技能和先天个性相辅相成的例子。

詹姆斯·惠特克（James Whittaker）在其著作《职业超能力》（*Career Superpowers*）中引导人们走出了一个误区，即将个人的优势与成就混为一谈。他认为，我们的学历和经验可能会是我们进入某个行业的敲门砖，但它们并不会让我们在行业领域内脱颖而出；我们拥有的为数不多的一两个"超能力"才能使我们在这个过程中表现出色。惠特克将职业发展的艺术描述为类似于管理企业的艺术：为了加速你的成功，你需要在擅长的事情上加倍努力，停止做不擅长的事情。当然，前提是你至少对自己的超能力和主要弱点有一个基本的认识。如果你怀疑自己是否拥有超能力，大可放心。正如我的朋友、畅销书《绝对坦诚》（*Radical Candor*）的作者金·斯科特（Kim Scott）所言："我不相信有什么'B级选手'或平庸的人。"因为尺有所短，寸有所长。

三明治的底部是我们最珍视的原则——价值观，它描述了我们所认可的美好、公平和正义。与个体的人格特征不同，用一组研究人员的话来说，价值观是"相当稳定的、广泛的生活目标，对人们的感知、判断和行为具有重要的指导作用"。

你是个诚实的人——这是一种性格特征。你也会寻找和人们畅所欲言的环境，因为你在意透明度。朝着自己的价值观前进意味着寻找共同的部落，即志同道合的人。因为共同部落里的人具有类似的价值观，所以他们能够激励我们，让我们在他们面前感到怡然自得。当我们与周围的人有着不同的想法和不同的优势时，我们就会茁壮成长。但是，如果我们不能在不同的群体中找到共同的价值观，我们就很难与这个群体建立长期的信任。我们大多数人都希望自己的价值观在团队或组织的工作文化中得到肯定；否则，我们将很难以最佳状态进行合作。

当我的朋友玛格丽特承担了更多的编辑任务时，她意识到，就像选择工作内容一样，她拥有选择和谁一起工作的自由。当我询问她的价值观时，她很快提到了谦逊、同理心、正直和思想开放这几点。她每年在挑选为数不多的图书项目时，都会仔细考虑与她合作的作者的价值观。今天，她的满足感不仅来源于她能够将自己独特的天赋应用到热爱的工作中，还因为她与同事有着深厚的认同感和信任感。

认识自己

很多人对自己的激情、超能力和价值观缺乏清晰的认识。当我给工商管理专业的硕士生或科技公司的首席执行官做领导力演讲时，我通常会要求听众举手说出自己拥有的一两个显著优势。

通常，只有四分之一的人会做出回应。我怀疑部分人有虚假谦虚的嫌疑，但如果真是这样，这种做法是不明智的。当我们更有自知之明，对自己的能力有更明确的认知时，我们就更有可能成功。事实上，缺乏自知之明可能会让我们面临更多的风险。我们所做的选择可能会以失败告终，因为不自知会导致我们以与自身不相容的方式行事。

在一项关于自我意识的长期调查中，组织心理学家塔莎·欧里希（Tasha Eurich）发现："尽管95%的人认为自己有自我意识，但实际上只有10%到15%的人具有自我意识。"事实证明，了解自己具有挑战性——认知偏见阻碍了我们对自我意识的认知，就像童年经历塑造和扭曲了我们对自我的认知一样。当你拥有权力和经验时，自我意识也会变得更加艰难，这可能是因为你周围能够并愿意给你诚实反馈的人越来越少。

为了培养更多的自我意识，你可以问自己一些探索性的问题。比如，说出几个你有独特天赋的领域。如果你觉得这些问题难以回答，那就想想让你感觉精力充沛、游刃有余的领域吧。你具备哪些能够让你在某些领域取得成功的基本特征或能力，或者想想认识你的人会用哪几个形容词来描述你。花点时间列出你的技能清单，直到建立超能力列表。

尽管内省很有帮助，但它并不是完美无缺的。正如欧里希所指出的："我们根本无法接触到我们一直在寻找的许多无意识的想法、感觉和动机。而且，因为有太多东西被困在我们的意识之外，我们倾向于创造感觉真实但往往是错误的答案。"为了最充分地了解自己，我们希望通过他人的反馈来补充自己在自我发现方面的不足。你最后一次征求关于你的激情、个人品质和价值观的建议和反馈是什么时候？正如玛格丽特的故事一样，我们习惯于请别人给我们建议，以至于忘了请他们帮助我们自我反思和发现天赋。快速列出一份朋友、家人和同事的列表，并询问列表上的人是否可以对你进行评价。如果他们提不出一两个你从未意识到的优势和技能，我会感到十分惊讶。

大约在 11 年级到 13 年级的时候（在我上学的时候，加拿大的高中是 5 年制，而不是 4 年制），我上了一节对自我意识具有深刻影响的课。我所在的学校拥有全省唯一完整的电视工作室和电视艺术项目，我很幸运地在此项目中发现了自己对视频制作和电影制作的新爱好。戴着眼镜的塔夫茨先生（Mr. Tufts）是一位自由散漫的老师，他经营着这个工作室。他不仅鼓励我追求我的激情，还召集了一小队人来学校拍摄有史以来的第一部录像年鉴。这段经历鼓舞着我成为一名全职电影制片人。

随着毕业的临近，我发现我已有多种多样的职业规划。和我的朋友玛格丽特一样，我也感知到了创造性的召唤，并萌生了去大学学习电影或新闻学的念头。拥有一个"稳定的职业"很重要，所以我申请了一个商科的本科课程。由于申请学校需要推荐信，我就拜托塔夫茨先生帮忙。他很痛快地写了推荐信，并邮寄给我。

收到推荐信的我十分兴奋，想象着塔夫茨先生写的关于我才智、创造力和雄心的金言妙语。但在回答我最大的优点这一问题时，塔夫茨用了一个我从未想到的词——同理心。他描述了我与他人相处的能力，以及真实地感受他人处境的能力，并将其作为一种值得推崇的品质。我以前从来没有想过同理心的价值，也没有想过它在我生活中的作用。

从那以后，我开始意识到同理心是如何加速我事业成功的。我从员工、同事和老板那里得到了一致的反馈，他们说我非常关心公司和员工的整体状况。我诚恳地与他人建立关系的能力是一种财富。如果说有什么区别的话，作为一名领导者，我花了太多的精力在工作上，这显得我过于在意工作。我开玩笑地说，在过去的 10 年里，我加入的每一个团队都有让我落泪的瞬间，不管是因为开心、感动、感受到别人的痛苦，还是愤怒。（我试图尽量把情绪的爆发控制在独自一人在办公室时，这样我就有时间冷静下来。）事实上，以真情实感与他人交往，使我成为一名有血有肉的领导。这是我在学生时代从来不曾想过的问题。

总的来说，我的激情、超能力和价值观在成就事业的过程中发挥了举足轻重的作用，尤其是在创业之初。例如，当我在大学毕业后努力找到第一份满意的工作时，我就问自己，为什么我不能"适应"那些颇有声望但因循守旧的公司。刚到硅谷时，我发现自己很难融入 OpenTV。然而，在美林证券和英国天空广播公司，我又立马感到自得其所。这两家公司都提供了积极进取、以充实为导向的企业文化，这与我的优势和价值观产生了共鸣。在这些公司中，我不需要浪费精力去驾驭一个仿佛充满无尽挑战的环境。从第一天起，我的工作就变得得心应手。同样，我在荣立公司、Yodlee 和谷歌也有类似的感觉。人们欣赏并需要我在战略、销售和分析方面的独特优势，这让我在进入公司后可以进一步发挥优势，同时学习新的技能。

　　挑战不只是在做选择时才进行自我认知，还要有勇气为自己下注。在承担关键风险时要有清醒的意识，而不是盲目地听从别人的建议。我在职业生涯早期没有注意到上述教训，为此我付出了很大的代价。当我开始在美林证券工作时，我不仅锻炼了分析技能，还掌握了金融服务领域的专业知识。由于我必须跟踪和了解所有银行和储蓄机构的详细公共指标，我决定冒一次小险，跟风买了一只银行业的股票。我从这只股票中赚了钱，也为新获得的专业知识能够帮助我生财而感到自豪。

　　但几年后，我开始无视自己的优势，盲目地去追随他人。且听我娓娓道来。还记得通过收购荣立公司我从亚马逊的股票中获得的收益吗？最初在大规模互联网成功热潮的推动下，我聘请了一名股票经纪人来帮我进行投资。当杰克（Jack，化名）告诉我从亚马逊的股票中套现，并下注在一家名为数字岛（Digital Island）的网络主机提供商时，我盲目地听从了他的建议。我不假思索地将套现收入的90%投入到这家我对其一无所知的公司上。不到一年，互联网泡沫破灭，数十家大型公共科技公司彻底倒闭，数字岛也随之破产。一夜之间，我几乎血本无归。这一切都是由于我盲目地听从了别人的建议，而没有利用自己的知识和洞察力去进行辨别的结果。2002年，我不得不重新开始原始积累，但这一昂贵的教训深深地烙进了我的内心。幸运的是，我还年轻，并且单身，生活在一个充满机遇的地方。但是，想象一下，如果一切恰好相反会是什么样的景象呢？

直面氪星

听到别人谈论你的超能力可能会让你感到尴尬，但至少我们会从这些对话中感到温暖和舒适。当听到别人议论我们的弱点或缺点时，我们可能会感觉更可怕。这些令人害怕的元素——我称它们为我们的氪星——往往是优势的阴影面，会给我们带来痛苦和意想不到的副作用。尽管我们很容易忽视弱点，但直接面对弱点能让我们做出更好的选择，降低低效行为破坏成功的风险。

作为一个已经接受了几十次绩效评估的人，更不用说参加了迈尔斯·布里格斯（Myers Briggs）或艾尼格拉姆（Eneagram）等人格测试，我知道接受反馈向来不是一件有趣的事。也就是说，重复的确会让事情变得更容易。在接受360度评估后，我仍然会振作起来，而且不像以前那么害怕了，因为我知道这都是老生常谈。我还学会了与他人分享对自己的负面反馈（最初是通过团队辅导课程），现在我倾向于提前主动地分享。事实上，在面试可能与我密切合作的人时，我会分享我的优劣势以确保其他人事先了解我的行事风格，并会在日后的探索中进行补充。我始终认为，其他人能够欣然接受我们的自我意识和谦逊态度。这让对方在交往过程中感到更轻松，也常常促使他们在接受自己缺点的同时也欣然地接受我的缺点。如果我们反复直面氪星，将其内化为我们不断发挥的领导作用和优势，我们就不会被氪星伤害。

谦虚地承认我们的优点和缺点，并不会影响我们的自信和自尊。当谈到冒险时，让自己习惯于接受真实的感觉和明显的不完美，实际上可以减少自我风险的威胁，从而帮助我们更大胆地行动。当不再奢求完美表现时，我们就不会如此在意失败时的愚蠢。同时，我们可能会觉得有能力去考虑更多的潜在机会，去发现、学习或实现一个巨大的目标。

直面氪星为我们带来了另一个好处，减少可能降低我们成功概率的非生产性行为的能力。如果我们渴望成为一名首席执行官，但又知道自己性格内向，势必将很难做好销售工作，那么我们可以有意识地提高自己的销售能力，紧紧追随外向、有魅力、能与我们互补的领导者。如果我们倾向于情绪化地做决定，我们可以培养让自己的行为更加理性的习惯，比如放慢进程，让自己冷静下来，或者在采取行动之前和头脑冷静的导师交谈。就像我们的天然优势一样，发展领域应与我们的前进方向步调一致。理想情况下，我们会把自己置于通过超能力来发展的环境中，但我们也应该寻找机会来改变更困难的情形或帮助填补已知的空白。

边做边学

这一章的开篇是关于我的朋友玛格丽特的故事，她是一名立志成为作家和编辑的研究生。现在，让我们来谈谈另一位后来成功地成为脸书（Facebook）高管的作家。他之所以能够成为脸书的高管，是因为他信任并利用了自己的内在力量和价值观。

在波莫纳学院读本科期间，尼克·格鲁丁（Nick Grudin）曾在时代公司（Time, Inc.）实习。他说，"成为一名记者的想法给了我很大的启发。" 2001 年毕业后，他应聘了美国几十家报社，最终在加州洛迪（Lodi）的《洛迪新闻哨兵报》（*Lodi News-Sentinel*）做了一名专栏记者。洛迪是位于萨克拉门托南部的一个小镇。用了一年的大部分时间，尼克写了一篇报道当地犯罪的文章。在那之后，他渴望生活在更大的城市。于是，他在《洛杉矶每日新闻》（*Los Angeles Daily News*）找到了一份工作，并在那里工作了几年。

尽管尼克很喜欢在新闻行业做本土记者，但他更渴望学习知识去争取一份全国性新闻报道的工作。2004 年，他进入哈佛大学肯尼迪政府学院学习。同时，他在《华盛顿邮报》（*Washington Post*）实习，不是作为一名记者，而是从事商业方面的工作，帮助该报找到一种新的商业模式，解决数字时代面临的财务问题。尼克发现自己不仅喜欢而且很擅长在新闻、技术和商业的交叉领域工作。虽然他并没有发挥自己的写作技能，但他发展了潜在的分析问题、解决问题和合作交流的技能。如今他可以在商业环境中应用这些潜在技能。

当他在哈佛的学习结束时，尼克决定不像计划的那样申请大型媒体机构，而是尝试在战略咨询公司工作。最终，他在波士顿咨询集团谋到了一份工作。在接下来的两年里，他与移动、旅游和音乐行业的客户一起参与了一系列项目。在这些项目中，他打磨了业务技能，包括战略规划、组织开发、客户管理和定量分析。后来，他在《新闻周刊》（*Newsweek*）担任领导职务，帮助这家久负盛名的媒体机构制定在数字时代蓬勃发展的战略。他将自己崭新的商业技能和对新闻事业的长期热爱投入工作中，最终促成了《新闻周刊》与包括推特、油管（YouTube）和亚马逊在内的一众科技公司的战略合作伙伴关系。他还开发了新的编辑特许权，比如《新闻周刊》的《财富 500 强企业年度绿色排名》（Green Rankings of Fortune 500 companies）。

2010 年，他预计到《新闻周刊》的所有者《华盛顿邮报》很快会将其出售，于是他找到了一个新的工作机会。他不知道自己到底想去哪里，但他清楚他想追随自己对媒体、技术和商业的激情。而他在职业生涯伊始并没有发现这些兴趣，这些兴趣是随着时间的推移而培养起来的。他在肯尼迪政府学院、《华盛顿邮报》、波士顿咨询集团和《新闻周刊》的新闻工作经历，教会了他找到自己真正喜欢做的事，也教会了他发现自己真正擅长的领域。"在顿悟的那一刻，我才知道自己有多在乎长期共事的团队。我想找一个可以接受周围人的挑战，并从中获得丰富经验的地方。我知道自己想生活在一个快节奏、多变化的环境中。"

最终，尼克在脸书担任的职务将他推上了谈判桌的一边——负责社交媒体网络和大型传统媒体之间的谈判交易。截至 2020 年，他已在脸书工作了 10 年，职责范围不断扩大，包括建立与娱乐、体育、新闻、视频、原创内容、教育、健康以及非营利组织等的合作关系。起初尼克的团队规模很小，但发展壮大至今，在世界各地已有数百名员工。他们负责脸书平台上的视频开发，以及脸书视频观看功能的运行。正如尼克所说，他之所以留在脸书是因为"每年都有新的事情发生，或者以某种有意义的方式进行迭代或调整。我不得不继续成长，就像刚刚接手一份新工作一样。"

尼克很清楚冒险对于成长的重要性，但他也知道我们有能力通过冒险来更多地了解自己。每当我们做出新的选择时，最明智的做法就是下注在能够发挥我们自身优势和价值观的选择上。尼克就是这样做的：他对自己优势和价值观的准确认知，使他在整个职业生涯中受益匪浅。但选择可能性的行为也会将我们推入新的情境，揭示我们性格中先前隐匿的部分以及因为我们的尝试而爆发的潜力。我们做出的每一个选择，都会让我们更加了解自己，确保我们未来对自己下的任何赌注都会有更多的回报。

当谈到自我发展时，选择可能性还有另一个强大的好处：正如我所建议的，它允许我们锻炼敏捷性、灵活性和弹性。许多人认为冒险能力是与生俱来的，但我认为冒险是一种可以通过重复实践来掌握的能力。当我们抓住机会、遇到不可预见的挑战时，即使偶尔失败，我们也会变得更加善于调整、利用现有资源、开发创造性的解决方案、重新振作和再次尝试。通过将冒险视为一个随着时间推移而展开的成长过程，无论如何选择，我们所从事的职业不仅能让我们发挥与生俱来的天然优势，而且还能提高我们灵活应变和灵活应对的独特能力。

行动指南

- 明智的冒险需要我们审视自身的优劣势，使选择不仅能够满足我们的雄心壮志，还能匹配我们的核心素质。
- 建立自我意识的"三明治"，评估激情、超能力和价值观。
- 了解我们的氪星，有助于缓释其对我们的控制，因为我们可以借助氪星的影响做出选择并更好地执行。

Chapter 09 | 第九章
更大的飞跃

你会为了领导一家初创公司而放弃高管职位和高薪吗？这就是 2008 年令我感到焦虑的选择。我在谷歌工作了 5 年多，在很多方面都达到了事业的顶峰。我很幸运地在谷歌的上升期、在一个支持我的环境中承担了越来越多的责任，拓宽了专业领域，并培养了重要的领导才能。在帮助推出谷歌地图和本地地图的服务后，我接手了谷歌在欧洲以外的国际业务，把亚太地区和拉丁美洲地区的市场份额拓展到了数十亿美元。我的声誉和地位也随之提高。我现在是谷歌最资深的高管之一，也是谷歌最资深的女性高管之一。

然而，尽管取得了成功，我还是感到有些遗憾。自从我入职谷歌以来，它已经从最初的 1200 名员工发展壮大到近 40000 名员工（包括承包商），官僚主义也与日俱增。我发现自己经常要花更多的时间与其他高管进行政治斗争，而不是开发新的服务或领导奋进的团队。很明显，像我这样的非技术领导者永远不会成为谷歌的首席执行官。谢丽尔·桑德伯格（Sheryl Sandberg，现任脸书首席运营官）和蒂姆·阿姆斯特朗〔Tim Armstrong，后来成为美国在线（AOL）的首席执行官］等给我留下深刻印象的商业伙伴们，开始一个接一个地离开谷歌。我知道为了得到更高的职位，我也必须离开。

我非常渴望担任首席执行官一职，利用我毕生所学来经营一家公司。幸运的是，机会近在咫尺。一些颇有潜力的初创公司找到我，询问我是否愿意加入他们的团队，引领他们成长。但是害怕失败和害怕错过的念头在我脑海里此起彼伏。我只有一次离开谷歌的机会——我深知接下来的职业规划将是一个重大选择。个人因素也是职业规划的一个重要因素。我 30 岁出头的时候就已经来到谷歌，当时还单身，可以把所有的时间都花在工作和娱乐上。但是，现在我快 40 岁了，嫁给了一个住在旧金山湾区的加拿大人，有两个孩子［我的继子瑞安（Ryan）和我的女儿肯亚（Kenya）］，第三个孩子也即将出生。如果我选择留在一家了解我、信任我、能够提供优厚待遇和福利的大公司，也是合情合理。

我们所有人都会有做重大选择的时候，这就是人生中的转折点。此时，潜在的机会格外引人注目，但也伴随着各种风险。我们怎样才能取得更大的成功呢？正如前面讨论过的，十分重要的一个步骤是为了达到目的而冒点小风险，我将其称为双管齐下。在我准备离开谷歌时，就已经开始这样做了。在我离职前的几个月，我需要一边工作，一边处理面试电话。但最终的决定——下一步该怎样做——需要更多的思考和分析。那么，我到底是如何实现职业生涯的下一个大飞跃的呢？你又该如何在人生的紧要关头做出重大的改变呢？

更大赌注的简要指南

应用前面章节中描述的冒险技巧，将风险视为变量进行直接评估，足以应对较小的风险。但是，面对风险更高、多重动机的目标时，我们需要将所有变量放在一起，同时进行评估。温斯顿·丘吉尔曾告诫我们，应该"把事前忧虑所占用的时间，用在事前的思索与准备上"。在面对更大的目标时，我完全赞同丘吉尔的话。

我们可以将讨论过的变量组合成一个简单的五因素框架，以帮助我们有条理地分析职业风险（见图 9－1）。五因素框架不仅可以帮助我们评估个人选择，还可以使用可能性记分卡，在多个维度上对风险进行比较和赋值。

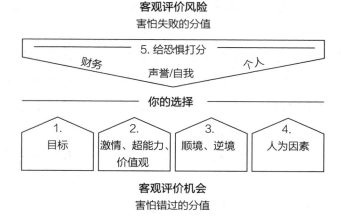

图 9－1　五因素框架

让我们先列出广泛考虑的选择，包括"什么都不做"或"维持现状"。我们的任务是根据五个关键变量评估每个选择，使我们能够更明智地承担风险，获得更多的好处。

首先，让我们从确定第一个变量开始——目标，毕竟这是我们冒险的首要原因。通常在跳槽的时候，我们会同时追求多个目标，有形的目标（比如获得一定数量的财富或领导岗位）和无形的目标（比如获得更大的业务影响力或找到更快乐的职位）。学习可能是目标的附加值，因为我们可以通过实现目标来丰富技能和知识，以获得未来的机会。记住你的终极梦想，即使你还不确定接下来会发生什么，也要试图明确地说出你在未来 2 到 5 年的具体目标。同时，如果可以的话，按顺序排列这些具体目标。

其次，让我们概括自己的激情、超能力和价值观。在记事本或电脑中记下这些元素，记住你希望在你的每个选择都能利用它们，同时也为你提供获得新技能的机会。一旦我们记下了这些元素，就可以开始评估我们所考虑的每个选择是否契合我们的抱负和自身条件。

接下来，我们将根据影响结果的两大外部因素来评估我们的选择：顺境/逆境和人为因素。正如我们所见，研究与我们一起工作的人或我们将为之工作的人以及外部环境（团队、组织、公司或行业）都是非常值得的，这些因素可能会促进或阻碍我们努力的结果。外部力量可能会因备选项不同而有所不同，从而带来或多或少的机会。

结合这四个变量，对我们的每个选择进行评分。我个人喜欢量化评级，使用 1 到 5 的等级。可以将分数视为对我们"伟大"选择的上行机会进行评级。将所有数值放在一个简单的电子表格里（见表9-1），创建一个机会记分卡，帮助我们了解每个选择，并阐明我们感兴趣的内容以及原因。这样的工作表可以缓解我们害怕错过的恐惧。

表9-1　客观评价机会　（害怕错过）
（从低到高为1~5）

	财务	声誉/自我	个人	备选项	总分
选项1	5	4	3	3	15
选项2	3	4	5	5	17
选项3	4	2	3	4	13

当然，冒更大的风险是为了减少我们对失败的恐惧，也是为了最大限度地激发我们对未来的憧憬。考虑到更大的选择本身具有不确定性，现在来解决我们担心的第五个变量——恐惧，并评估我们在追求每一个选择时所面临的潜在不利因素。当我们在评估的时候需要将选择形象化，在选项和备选项之间充分考虑我们目前的状态和"失败的空间"。直面恐惧始终是一个关键且常常被忽视的步骤。

在评估每个选择时，我们可以在机会记分卡旁边创建一个风险评级分数。通过创建第二张类似的工作表，可以评估我们在做选择时所面临的潜在风险级别。根据我们经常面对的恐惧——财务、声誉/自我和个人，分别对每个选择进行1~5级的评分（分数越低则代表风险越小）。使用第四栏来头脑风暴各种选择——选择之后如何在失败的情况下进行恢复的想法。我发现，列出在冒险失败后我们可以采取的所有补救措施来降低损失，有助于缓解焦虑，并准确地评估危害因素。

还要基于现状，评估我们所面临的下行损失的规模（以小、中、大进行划分），以及如果我们失败了，将如何补救。例如，如果我们的经济收入相对稳定，遇到的一个新的选择（比如接受一份新工作）会略微降低我们的收入，但会产生其他收益，那么我们就只承担了一个小风险。如果我们可以很容易地找到另一份薪水差不多的工作，那么风险就更小了。如果我们把所有的积蓄都投入一项以失败告终的新事业中，那么财务风险至少要评级为中等，甚至更大——这取决于我们是否有信心在冒险失败后找到一份工作，并在合理的时间内重新积累资本。

我们应该注意区分将要承担的个人风险和自我风险，并逐一权衡。个人风险和自我风险可能会随着我们的财务风险而增加或下降。例如，在硅谷这样的地方，如果你在职业生涯中至少担任过一次创始人，即使你创业失败了，也会提高你在潜在雇主心目中的声誉。对于所有梦想成为企业家的人来说，学习如何创新提供了全新而强大的能力培养优势，这些不受金融风险的影响。

你现在应该对每一个选择进行风险评级见表9-2。

表9-2　客观评价风险（害怕失败）
（从低到高为1~5）

	目标	超能力	人为因素	顺境/逆境	总分
选项1	1	3	5	\	9
选项2	5	1	1	\	7
选项3	2	2	2	\	6

　　有了这两个分数表，对于每一种选择，我们就可以更真实地评估害怕错过和害怕失败的分数，并且进行比较。最终的记分卡见表9-3。

表9-3　最终的记分卡

	机会评价/害怕错过	风险评价/害怕失败	总分	其他
选项1	15	9	15-9=6	\
选项2	17	7	17-7=10	\
选项3	13	6	13-6=7	\

　　在做出情绪化的决定时，对选择进行定量评估，对有些人来说可能是正常的，但对有些人来说可能是无法接受的。我们为什么要把以往的利弊评估方式提升到量化的水平呢？如果许多选择的得分都很接近会发生什么呢？我发现，使用记分卡更严格地阐述和比较各种选择，可以帮助我们梳理出为什么对特定的选择感兴趣，以及我们所畏惧的不利情况的真实性质。我和姐姐尼基做了一个类似的分析，与她一起评估她所有的选择。她发现把选择量化后写在纸上很有启发性，包括这些选择会带来的风险，以及这些选择对财务和个人目标的有利程度。这是尼基第一次真正使用数字量化的方式比较风险和回报。

　　根据个人经验，没有什么比比较更能说明我们的处境了。当做任何重大决定时，除了保持现状之外，我会试图阐明至少两个可行的备选项，明确自己的最高目标以及为了实现最高目标而需要承担的风险。在做选择的时候，我还记录了我可能不得不处理的财务与声誉/自我和个人等方面的关系。

在决定离开英国天空广播公司搬到加州时，我在一份稳定的工作（财务风险）和作为企业家追求更有成就感的职业（个人满足感）之间进行了权衡。当我考虑离开亚马逊以获得机会与人联合创办 Yodlee 时，我梦想着从这个决定中获得更多的经济回报。我认为，创业的生活令人非常满意，而且考虑到我是单身并且经常搬家，所以这个选择对于个人生活方式的影响微乎其微。

在做出重大决策时，我们常将实际选项（迫在眉睫的机会，包括维持现状）与理论选项（通过努力我们可能获得的机会）进行比较。只有当使用像记分卡这样的框架时，我们才能真正理解现在行动最好，还是延期行动比较好。即使事实证明目前可供我们选择的选项并不能让我们离目标更近，至少我们会被激励去识别可能具有更大潜力的理论选项并开始行动，此时我们处于一个快速获得更多信息的位置。或者当我们发现一个能让我们更快地找到理想工作的机会，并且在前进过程中有可能开辟出新的更好的选择，那么我们现在就可以决定跳槽。在做出重大选择之前，尽可能多地了解所有的选择，无论是真实的还是想象的，有百利而无一害。

切记，无论你是套用我的框架还是自己设计框架，神奇之处并不在于你对自己的选择进行评分的实际方式，而在于评分的过程。当我们能够运用一种方法来命名可能性并直面恐惧时，就能更好地理解应对风险的方法，投下更明智的赌注。

直觉 – 数据 – 直觉

即使我们拥有一个很好的框架，但仍然很难做出决定。接下来，我们该怎么办呢？应该"倾听直觉"吗？一方面，成功的风险承担者经常会回忆起那个神奇的时刻——当他们违背直觉做出反应时，受到了惩罚。另一方面，有些专家提醒我们要尊重客观数据，并进行实时监控，确保"好数据从不说谎"。正如我所发现的那样，直觉和数据各有所长，尽量遵循直觉－数据－直觉的循环过程。

按照直觉行事，相当于对神秘的起源做出快速判断。但此处的神秘并不意味着我们无法理解这些判断的内在机制。正如德国社会心理学家格尔德·吉仁泽（Gerd Gigerenzer）所指出的那样，直觉思维往往与基本的"经验法则"相关，它允许我们根据"环境中的简单线索"得出结论。当我们凭直觉行事时，就会拒绝大量的其他信息，聚焦在直觉带来的线索上。我们下意识地这样做，而且比我们进行理性评估的速度要快得多，这通常会让我们获得更好的结果。

例如，吉仁泽在研究中发现，使用简单规则或启发式方法挑选股票的人通常都是稳赚。"一知半解者的直觉胜过专家的计算。"但吉仁泽也观察到，"直觉"本身会让我们大失所望。9·11事件后，尽管地面交通事故的死亡人数远远超过空难，但人们还是本能地感到乘坐飞机不安全，更倾向于开车。于是，9·11事件后，一年内死于地面交通事故的人数比上一年增长了1500人。

吉仁泽指出，作为一名科学家，他既要注意直觉，也要注意数据。"我无法解释清楚为什么我认为某条路是正确的，但我需要相信直觉，继续前进。我也有能力检验直觉，找出直觉的来源。"直觉－数据－直觉的运作方式大致相同。如果你发现自己发自内心地对某项选择感到兴奋或害怕，那就通过识别和评估冒险公式中的变量来探究其中的原因。你很可能会将直觉与公式中的变量和评级联系起来。

如果评估了选择后，你仍然无法确定最让你兴奋或失望的变量，那么就要采取进一步的行动。想想你和周围人的经历，其中的任何一个情节是否触发了一种无意识的"匹配模式"。也许你会心头一震，因为一个给定的选择会让你想起过去与你预期不同的一个或多个类似的情境。无论是积极的还是消极的情境，你肯定不想再次感到"惊讶"。

随着事业的发展，我的直觉越来越灵敏。我已经把过去的经历编入了大脑的数据库，当我感觉到眼前的某些情况似曾相识时，就会触发我的直觉。直觉经常本能地暗示我，某项选择的某些特征可能比数据本身更重要或更有说服力。我想要听从自己基于真实经验的直觉，同时也要摒弃不合理的偏见。我可以对所有事实开诚布公，包括我的恐惧，确保我在分析中能够通盘考虑。最后，我会尊重数据所触发的感觉以及基于数据的直觉反应，并且准确地对直觉进行命名。仅仅基于模糊的积极或消极情绪而做出一个潜在的重大决定，而不去探究具体是什么因素引发了这些情绪，会使我惴惴不安。

总的来说，我们在高风险情况下所能做出的最佳决策，既要考虑到直觉，也要兼顾到数据，既要运用我们的快速判断和感受，也要与分析充分协调。用我一直以来最喜欢的电视连续剧《胜利之光》（*Friday Night Lights*）中泰勒教练（Coach

Taylor）的一句话来形容："清澈的眼眸，饱满的内心，两者缺一不可。"

找到你的职业牧师

即使运用了直觉 – 数据 – 直觉的循环模式，我们可能仍然对该做什么感到困惑。在这种情况下，我们很容易陷入困境或裹足不前，不知不觉地进入坐以待毙的状态。为了让自己从这个陷阱中解脱出来，向周围的人倾诉自己的决定是很有帮助的，通常需要多尝试几次。对于我们这些听觉型或社交型学习者，通过与他人对话来捋清我们的思路比我们自主探究收效更快。对于那些倾向于自主学习的人来说，分享想法和分析至少可以检测其正确与否。一般来说，如果我们能够换位思考问题，同时对自己的决定保持最终的控制权，那么我们的思路就会变得更加清晰。

尽管我们通常会向最亲密的朋友、家人和同龄人寻求建议，但要注意的是，我们常常得不到正确的答案。简单地询问生活中最信任的人，让他们设身处地地告诉我们他们的选择会是什么，这样就能够了解他们发自内心的想法。出于这个原因，我们最好先向最亲近的人寻求反馈，再分享我们对自己选择的首次评估，最后请最亲近的人根据他们对我们的了解发表评论。但是，我们应该做好心理预期，因为他们的反应会反映出他们自己的偏好或感觉，我们的选择可能也会对他们的选择产生影响。

另一个忠告是：与配偶或家庭成员讨论工作内容，会让我们最深层次的关系也承受工作困扰的负担，从而消耗他们的能量。在成功的情感关系中，我们每个人都希望大致平等地给予对方快乐和支持（但也要清楚，其中一方可能给予或得到的更多）。经常把工作问题带入和伴侣的谈话中，会让我们的伴侣感到身心俱疲。

为了减轻与我们关系最密切的人的负担，我们可以转而依靠我称之为"职业牧师"的一组知己（见图9–2）。这群知己都是在工作场所和私下环境中比较了解我们的人，比如前老板、同事、导师、亲密或较远的朋友，甚至是雇佣的专业教练。与我们的配偶或最亲密的家庭成员相比，这些知己与我们的个人距离略远一些。

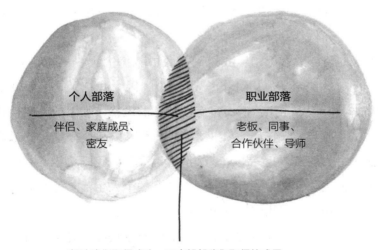

图9–2 职业牧师

由于心理距离较远，这些知己不会有那么多顾虑——我们的决定不会影响他们的选择。而且，鉴于"职业牧师"的身份，他们不会对没完没了的与工作相关的谈话感到烦躁。他们甚至还会对与自身相关的职业机会有更广泛的了解。不过，我在前文中描述的"头脑风暴的伙伴"，不一定是这里所指的职业牧师。在生活中，有些人可以扮演所有角色——知己、创意头脑风暴者和顾问，而其他人只能填补某些空缺。

在从谷歌离职的一年前，我就一直在思考如何离开。我需要有人帮我理清所有的选择，并指明前方的道路。在我的事业加速发展的过程中，我的丈夫一直非常支持我。但我明白，我喋喋不休地和他谈工作的琐事容易让他发疯，每天强迫他帮我分析工作的杂事是通往不幸婚姻的道路。因此，我在家庭成员之外寻找了倾诉对象。我加入了青年总裁组织（Young Presidents' Organization），以寻找工作伙伴并渴望得到指导。

通过青年总裁组织，我遇到了我的教练大卫·莱塞（David Lesser），并决定与他长期合作（付薪），因为我花了太多时间去考虑如何转型。由于低调而富有同情心的风格，大卫成为我信任的"职业伙伴"。作为个人和领导者，我可以和他分享我的最高理想和最大弱点。我一次又一次地告诉大卫，我既希望有一份有影响力的工作，又希望有一个令人满意的个人生活。他听完我的诉求后，慢慢地帮我梳理我内心不可调和的矛盾关系。

就这样，大卫成为对我至关重要的职业牧师。时至今日，我们仍然在合作。我周围的人也在离开谷歌的问题上帮我出谋划策。在遇到大卫的那段时间，我也认识了一些在工作和生活中与我有许多共同点的女性朋友，她们能够很容易地意识到我所面临的挑战。这个小组构成了一个核心圈子，我可以和她们在一个安全的空间里自由地讨论职业问题。虽然可能不像和我最亲密的朋友那样经常见面，但直到今天我们还会继续互相打电话，在做出重大的职业决定和私人决定时征求对方的意见和建议。

如果你想找到你的"职业牧师"，那就想想人际网络中对你有所耳闻但又不那么熟悉的人。现在或过去的同事和老板都是不二选择。我认识的一个人依赖的就是一位治疗师。有商业经验的朋友，也可以作为我们的备选项。此外，你也可以加入专业社区或校友团体，尝试与潜在的职业牧师建立联系。试着找到那些与你的经历或性格特征互补的人。你也可以考虑那些给别人提供过类似建议的人——也许是你团队中的一位高级经理、人力资源主管，或者是一位恰好有"职业牧师"经验的老朋友。即使不能组建自己的、长久的"专业内阁"，我们也要在做出任何重大决定时与一些有同理心和学识的人进行探讨。

最大可行选择和最小可行选择

在评估了选择、听取了意见并咨询了职业牧师之后，现在是我们做出决定的时候了。对于我们中的一些人来说，使用冒险框架来评估大的变量，已足以促使我们做出新的决策。我们可能会为开始新的选择而感到兴奋，但也会为必须学习的内容以及挑战的大小而感到紧张。我们可能还会遭受"冒名顶替综合征"的困扰，即我们不能够且不足以胜任现有的任务。这种不安全感通常在我们刚刚开始一个新的学习周期时会有所体现，并且永远不会消失。

如果感到紧张不安，那么你很可能正在大动干戈——我称这一大举动为最大可行选择（MaxVC）——为了改变你的职业轨迹。最大可行选择通常需要在你的记分卡上做出比较大的选择。也许你正在扮演一个你不确定自己是否有资格胜任的角色，在一个新的行业接受一份新的工作，或者辞去稳定的工作去创办一家新公司。

如果你的恐惧过于强烈以至于让你感到麻痹，无法做出决定，那么一定要想方设法地让自己行动起来。如果你的分析足以证明某个大动作的价值，但你仍然觉得无法前进，那就尝试着做出最小可行选择（MinVC）。也就是说，确定对你来说最小和最安全的步骤，让你小步靠近目标。

当我开始考虑离开谷歌后的职业生涯时，在我准备好迈出这一大步之前，我接受了最小可行选择，接听招聘人员的电话并与潜在雇主见面。事实上，我至少做了三个迭代动作——开始筹备和倾听，离开谷歌，加入国际风险投资公司 Accel Partners。最终我做出了"重大选择"，在 2010 年年初接受了私企首席执行官的工作。我把每个步骤都在机会记分卡的潜在选择中进行了备注，但我没有做出最终决定。连续选择可能性的过程能够使我承担职业生涯中最大的风险之一。我从一个小行动开始，一直坚持深思熟虑，直到完成了一个大的职业转变。

这并不是我第一次涉足更大的领域：在职业生涯早期，当我从伦敦的英国天空广播公司跳槽到加州的 OpenTV 时，我也曾这么做过。在人生的任何阶段，我们都可以向重大改变的方向迈代。在 20 多岁的时候,我们会发现第一份工作能够带来一份薪水,但很少有成就感,因此,我们梦想做一些不一样的事情。我们可以重新规划选择——重返校园并获得一个全新的学位,再辞职转到另一个直觉告诉自己可能会更适合自己的领域或行业。如果有足够的把握,我们就可以自信地做出选择。我们可能会立即采取行动,或者伺机发现更多的职业选择——通过面试或从事兼职。如果我们需要在事业上取得较大的飞跃,那么我们至少要迈出第一步,无论是多么小的一步,只有这样,选择的过程才能继续。

无论做的是最大可行选择还是最小可行选择,我们都应该至少采取一些措施,以避免我们可能面临的最大风险之一:完全错过机会。我们可能会不断发现新的可能性,结果却发现许多可能性在我们等待行动时已经失效,因为这些可能性受制于我们无法控制的条件和力量。如果我们无休止地犹豫不决,可能会失去正在考虑的可能性,这样就不利于通过行动来学习和成长。机不可失,时不再来,尤其是对于沉思者。

巨大的飞跃

2008 年,当我还在谷歌工作的时候,有人给我介绍了几个不同的工作机会。我清楚地意识到,如果能充分探索硅谷新兴公司的广阔前景,我会做出更好的决定。过去几年,我一直在关注谷歌在美国以外的业务,感觉自己已经与创业界脱节了。除了成为公司的首席执行官这一目标之外,我还有两个志向:我想给消费者提供新的服务（比如电子商务），我也想为自己和我的家庭创造更多的财富。

为了更好地评估我的选择，我决定先离开谷歌，并在选择去哪里之前，找到一种研究公司更广泛的生态系统的方法。在做出最终选择之前，我给了自己一张"白板"。在我怀孕3个月的时候，我离开了谷歌，加入了国际风险投资公司 Accel Partners。这是硅谷一家顶级的风险投资公司，也是我上一家初创公司的投资者出资创办的。我暂时担任它的首席执行官。

在接下来的几个月里，我帮助国际风险投资公司 Accel Partners 评估了各种数字行业的投资机会。我特别关注电子商务，并借此机会研究了我可能加入或考虑从头开始的公司。Accel Partners 的核心合伙人——特蕾西娅·格乌（Theresia Gouw）帮助我进行头脑风暴，她是我的职业牧师之一。我们10多年前就相识了（我最初是 Yodlee 公司的创始人）。由于我们处于职业生涯的相似阶段，因此我知道她可以认同我的选择。和我一样，特蕾西娅也身怀六甲，我们处于相似的人生阶段——这是第二个共同点。

在 Accel Partners 工作的时候，我花了大量的时间来检验我的推论，即网上购物将以新的方式爆发。我在谷歌看到了电子零售商的崛起［其中许多公司，如易贝（eBay）和亚马逊，是谷歌当时最大的广告商］，但许多领先的电子商务网站，如亚马逊和网络鞋店 Zappos，仍然有一种实用主义的感觉。与此同时，服装租赁网站 Rent the Runway、闪购网站 Gilt、互联网家装平台 Houzz、美国家居购物电商平台 Wayfair、家居装饰购物网站 One Kings

Lane 等新时尚和家居装饰电子商务网站如雨后春笋般迅速发展。这些网站试图将一种更有远见和娱乐导向的购物体验转移到线上。Accel Partners 等专业投资者正在投资这些初创公司。依我所见，电子商务将掀起另一波在线消费的浪潮。在线购物的生活方式也吸引了我，我也是他们的目标客户。

我自己开始构思一个新的电子商务服务，相当于奢华版的易贝。与此同时，我听取了每一家寻求融资的电子商务公司的介绍，并与几家需要首席执行官的早期公司进行了交谈。我也继续听取非电子商务的推销，为了给自己一些参考，以便全面地评估网上购物的机会。

在 Yodlee 和谷歌，我非常幸运地能与一群聪明能干的人一起工作，最重要的是我们有着相同的价值观。我希望，在我的下一次创业中也能遇到同样的人。我也想与优秀的投资者合作，幸运的是，我有能力与 Accel Partners 资助的公司合作或利用我所熟悉的其他投资者的关系来创建自己的公司。我试图与多家公司的创始人交流，找出他们具有的领导力以及行事风格。

在职业生涯的现阶段，我对自己的超能力和价值观有了相当清晰的认识，所以我寻找那些能够充分利用我的独特天赋以及创始人或高管与我互补的公司。具体来说，我希望加入一家拥有非常强大的工程和产品管理文化的公司，但这样的公司需要一位具备战略、远见、业务开发、筹资和团队建设专长的首席执行官。按照以上标准，我拒绝了一些创始人与我过于相似的公司的机会。因为如果我成为这些公司的首席执行官，我与创始人的过于相似可能会导致业务拓展观点上的冲突。

最后，我利用在 Accel Partners 的时间，仔细思考了成为一名初创公司首席执行官可能会面临的风险，以及我是否能够承受失败的打击。到目前为止，我面临的最大的风险与声誉和自我有关。考虑到早期初创公司的不稳定性，我真的很担心自己会在离开一个成功的全球高管职位后，遭遇一个巨大且明显的失败。但我越是思考这个问题，我就越勇敢地面对这种自我风险，并得出结论：作为谷歌的一名高管，我的声誉应该强大到足够让我从失败中幸存下来。

我感觉担任初创公司首席执行官的个人风险并不比在谷歌工作时的大。虽然我知道家里有个新生儿会给初次担任首席执行官带来很大的压力，但我也不再需要像以前那样连续几天或几周周游世界、跨多个时区办公。最后，我评估了跳槽的财务风险。虽然我的创业股权在很长一段时间内价值非常不稳定，但我认为这是一个值得冒的风险。因为作为首席执行官，我会感到非常兴奋，也会具有更多的影响力和责任感。虽然我选择离开谷歌进入初创公司，初创公司的起步薪水会让我收入减少，但我凭借积蓄仍然负担得起日常的开销。在这种情况下，我做好了跳槽的准备。

2010 年年初，也就是我离开谷歌差不多一年后，我终于找到了合适的机会——我决定加入雅虎旗下的时尚 DIY 导购网站 Polyvore，担任全职首席执行官。作为拼趣（Pinterest）的前身，Polyvore 的理念是：女性可以在网上"剪辑"图片，创建时尚，并在设计创意板上进行数字化设计，还可以立即"购买"这些创意板上的产品。数以百万计的年轻女性（包括网红）已经在使用这项服务，并深受追捧。创始团队由摇滚明星工程师帕沙·萨德里（Pasha Sadri）领导，还有他从雅虎和谷歌等公司招募来的另外三名产品和技术人员。

帕沙以他的聪明才智而闻名，多年来我们私交甚好，经常一起边喝咖啡边针对商业战略进行深入讨论。事实上，Polyvore 曾两次试图聘请我担任首席执行官，一次是我还在谷歌的时候，另一次是 2008 年我离开谷歌的时候。当时，我花了一下午的时间，与创始团队一起卓有成效地帮助他们思考自己的商业模式。我还认识彼得·芬顿（Peter Fenton），他是硅谷最成功的投资者之一，也是 Polyvore 的主要投资人。彼得是第一个把我介绍给 Polyvore 的人，后来他也一直因为我而保持着与 Polyvore 的合作关系。

在花了很长时间从多个角度探索我的选择后，我现在准备做出一个伟大的决定。我确信电子商务正在开启它的下一波增长，我为能成为其中的一员而感到兴奋不已。在电子商务蓬勃发展的前景下，Polyvore 是最有可能成功的公司之一。我也自知可以在构建一个让数百万人满意的服务方面做出重大贡献。Polyvore 的创始人和投资者的实力给我留下了深刻的印象，我希望自己能够很好地配合他们的努力。我也意识到，作为一家初创公司的首席执行官，我的成功还取决于我与创始人和董事会之间的关系。因此我也花了时间去了解他们。

与此同时，我也面对着自己的恐惧恶魔，承担着财务风险。为了顾及想象中的不利情况，我努力与自己的报价进行谈判，并开始应对自我风险。在所有准备工作就绪后，我终于跳槽了。2010 年 2 月，我从管理着数十亿美元收益、领导着一个 2000 人团队的谷歌公司，跳槽到一家只有 10 人的时尚初创公司并担任首席执行官。

　　当在职业生涯中面临更大的选择时，我们都会面临做出决定的关键时刻。我们所做的任何选择都不会是完美的，世界上所有的预案都不会完全消除风险。但我们并不需要完美或免于风险。我们只需要迈出下一步。通过深思熟虑的选择，利用我们拥有的工具来最大化优势、预测劣势，我们就能抓住属于我们的机会，同时准备好迎接现实抛给我们的一切挑战。

行动指南

- 我们可以通过以下五个关键因素来评估我们的选择，从而取得更大的飞跃：志向、个人品质、"与他人的契合度"、外部的有利因素和不利因素，以及恐惧感。
- 直觉 – 数据 – 直觉原则可以帮助我们做出更明智的决定，也可以帮助我们找到职业牧师。
- 如果你的最大可行选择过于缥缈，那就从最小可行选择着手。千里之行，始于足下，切记万事开头难。

第三部分
回报

对一个人辛勤劳动的最高奖赏不在于他从劳动中得到了什么，而在于他通过劳动变成了什么样的人。

——约翰·拉斯金（John Ruskin）

Chapter

10

第十章
风险与回报的神话

无论我们在职场表现得多么老练圆滑或经验丰富，风险始终如影随形。即使全力以赴地做好十足准备，我们也仍然不能完全消除风险。在我同意加入 Polyvore 之前，我的教练大卫和我讨论了影响我工作成败的最大因素，即"执行"的风险。我们认为，首要因素仍然是人的因素。尽管我在求职过程中非常努力，但也有可能一旦我接任了首席执行官的职务，我与 Polyvore 的创始人（包括前任首席执行官）的合作就不会像想象中的那么顺利了。

在大多数位于硅谷的公司中，即使创始人缺乏扩大业务所需的管理经验和必要技能，他们也会担任初创首席执行官。随着公司的发展，创始人会逐渐获得管理企业所需要的技能，或者董事会可能会建议聘请专业的首席执行官（类似于我的经历）。作为 Yodlee 的创始人，我曾为公司招募专业的首席执行官并与之合作。我知道，创始人对财务的控制欲、对公司发展的见解和道德权威，与从外部引进的雄心勃勃的首席执行官之间存在着不可避免的矛盾。创始人和专业首席执行官的关系就像一场婚姻：双方都想要将婚姻维持下去，并且整个过程要你情我愿。就像婚姻一样，这种关系的成功率最多只有 50%。

首先，我和 Polyvore 的创始人帕沙的相处还算融洽。在我担任首席执行官之前，我们有过几次交流。现在，我想在工作关系的基础上，在我们之间建立一种互信共通的关系。我们拥有互补的优势，但领导风格迥然不同，我希望两种风格能够兼容。我们约好一起喝咖啡，我承诺在入职后的前 3 个月花更多的时间去倾听他的想法，而不是表达自己的想法。希望在我们合作的过程中，他能怡然自得，我也能感到自在。

其次，我很早就努力与董事会建立了富有成效的关系。尽管我与核心投资人彼得相识多年，但我明白，初创公司的董事会通常对创始人抱有绝对的忠诚（这是正确的），这可能会影响我、帕沙和董事会成员之间的关系。我承诺会在早期以非正式的方式定期与董事会沟通，征求董事会成员对我的表现和帕沙对领导层变动的意见。

最后，我需要做一系列的工作来重塑公司架构。这些工作对我来说得心应手，因为建立商业模式、开发业务、推销和吸引人才是我的强项。因此，经过一番努力之后，我帮助公司增加了收入，并聘请了一支优秀的团队。在我上任的前 5 个月里，公司的员工人数翻了一番，达到了 20 人，并吸引了一批顶尖的人才。其中，包括卡特里娜·莱克（Katrina Lake，她在一年后创建了价值数十亿美元的在线个人造型服务 Stitch Fix），詹妮弗·斯凯勒［Jennifer Skyler，后来成为脸书的消费者沟通总监和美国运通（American Express）的首席企业事务官］，以及菲利普·英格尔布雷希特（Philip Inglebrecht，前谷歌员工、连续创业家、音乐服务公司 Shazaam 的联合创始人）。我满怀信心地与主要的广告合作伙伴见面，帮助 Polyvore 提升公众形象。董事会称赞了我的工作，一位风险投资家也评论说，我是他们所见过的所有首席执行官中开局最气势如虹的一位。

但是，采取积极的措施来识别和减轻已知的风险并不能保证完全避免风险。尽管我竭尽全力，我和帕沙之间的关系还是开始变得紧张起来。在我任职的第 4 个月，我开始公开表达自己的观点，但帕沙经常有不同的想法。在他和我不断会面的同时，我也与董事会和我的职业牧师讨论如何更好地处理我和帕沙之间的潜在冲突——迥然不同的领导风格会加剧冲突。冲突的根源很快浮出水面：两种不同的人——现任首席执行官和前任首席执行官——想用两种不同的方式来管理公司。

在第 6 个月的关口，矛盾一触即发，我的地位岌岌可危。10 天内，董事会不得不（重新）选取我和帕沙之中的一位来经营公司。我极其痛苦，我分别向我的职业牧师，也就是教练大卫、我的前老板兼导师沃基、我的好朋友巴德·科利根（Bud Colligan，Macromedia 前首席执行官和 Yodlee 董事会成员）以及我的职业代理人进行了咨询，我也曾趴在丈夫、母亲和姐妹们的肩膀上哭泣，我试图努力地寻找前进的道路。

尽管董事会承认了我所面临的挑战，并向我保证我不需要承担任何责任，但他们还是决定让帕沙取代我，重新担任首席执行官。我曾想过去争取首席执行官的职位，但我的导师强烈建议我不要这样做。回到价值观契合这一关键问题上，我的领导风格和公司在上一任创始人领导下创建的企业文化截然相反，这种不同侵蚀了各方之间的信任。2010 年 9 月底，我的噩梦成真了。我从一个第一次当首席执行官的雄心勃勃的人，沦落到心灰意冷，直到失去了工作。

我感到羞愧难当、无法面对——这是我经历过的一次最大的失败。尽管公司公开地宣布与我和平解约，但我的同行肯定还是会无情地嘲讽我。在我自己看来，我理应受到他们的蔑视。尽管我做了尽职调查，但我还是犯了一个致命的错误——未能掌握我和创始人之间价值观不匹配的程度。我真的具备成为一名成功的首席执行官的条件吗？我不再那么肯定了。

然而，令人惊讶的是，虽然我的职业生涯被关上了一扇门，但同时也为我打开了一扇窗。Polyvore 的失败经历，对我个人来说固然痛苦，但它并没有毁掉我的职业生涯。尽管发生了这一事件，但我的业绩仍然记录在案。就财务风险而言，实际上Polyvore 给我带来了重大利好。我知道，在初创公司内部，创始人和首席执行官之间的关系经常会出现问题，于是我积极地与公司谈判，以获得经济保护，以防我因为工作表现以外的原因被解雇。因此，在我离开 Polyvore 时，我获得了大量的股权。随着拼趣的成立和迅速发展，在线购物成为主流概念。

在我离开 Polyvore 后的一年内，帕沙的首席执行官职位再次被公司的另一位创始人所取代，这一变动促进了公司的发展壮大。2015 年，雅虎同意以超过 2 亿美元的价格收购 Polyvore。雅虎认为自己的服务能够帮助 Polyvore 在垂死挣扎的过程中获得增长。突然之间，我在 Polyvore 的股权得到大幅增值。多年后，Polyvore 的一位董事会成员对我说，"把这笔收入作为你当初进入那个具有挑战性的环境的风险补偿吧"——事实上也的确如此。

跳槽 Polyvore 的经历，也让我取得了其他方面的成功。我不仅在选择公司上进行了冒险，还在一个新的角色和行业上进行了冒险（成为一名首席执行官，进入电子商务领域）。随着时间的推移，我发现这些选择都是利好的。我喜欢担任最高职位，从战略到团队建设，从产品开发到收益管理，我既体会了喜悦，又承担了责任。我认为电子商务将会爆发出新的类型，如时尚和装饰，这一观点后来也被证明是正确的。在 Polyvore 积累了最初的行业经验，我在之后的 10 年里完全投入电子商务领域中，再次成为一名成功的天使投资人、董事会成员、创始人和首席执行官。

如果不是我最初选择冒着巨大的个人风险离开谷歌，选择进入一个新兴行业内最有前途的初创公司并成为首席执行官，这一切都不会发生。

我讲述这个故事是为了说明一个简单但重要的观点：即使我们事先仔细分析和规划了我们的选择，冒着巨大的风险希望获得巨大的回报，但现实也可能事与愿违。我们承担更大的风险，并不一定意味着我们马上就能获得更大的回报。现实比任何简单的框架都复杂。我们做出的每一个重大选择都会带来较大的后果，而这些后果往往需要时间才能显现出来。那么，在现实世界中，风险和回报之间的确切关系是什么？一旦我们采取行动，勇敢地跳跃就会得到回报吗？

风险与回报的神话

让我们来明确一下：虽然分析框架不能保障我们最终的成功，但我们仍然需要它。以 Polyvore 为例，我彻底评估了关于风险的五个关键因素，试图做出一个明智的职业选择。粗略的分析框架帮助我确定了我想要追求的趋势和角色，清晰地表达和面对了我的恐惧，并让我在跳槽时感觉更舒心。在分析框架的指导下，我决定追求我的职业抱负，成为一名首席执行官。基于对当前有利形势和兴趣爱好的研判，我选择了电子商务，并在评估了个人技能和相关人员后，选择了 Polyvore。我很清楚自己所承担的财务、声誉/自我和个人风险，并制订了一个深谋远虑的计划来减轻这些风险，包括与人员相关的策略、持续的专业支持和重要的财务保护。我的充分分析，反过来又促使我坚定地行动起来。的确，在我加入 Polyvore 7 个月后，这些准备工作似乎在许多层面上都是失败的。但 10 年后，鉴于我所获得的奖励和创下的职业高峰，在 Polyvore 的工作经历又是弥足珍贵的。

如果这个故事所描述的风险与回报是间接的或不明确的，那么是时候进一步调整风险模型了。与单一选择的神话相似，流行文化告诉我们风险与回报之间存在直接的线性关系：我们承担的风险越大，回报就越大。我们还可以假设在相对较短的固定时间内，比如一年或两年，我们能够清楚地发现我们所承担的所有重大风险的后果。如果相信世界是线性运行的，我们就能理解风险与回报的概念。似乎世界越有序、越受规则的约束，一切事物就会变得越好。

我们倾向于将风险与回报视为成正比和线性关系的习惯不足为奇。我们通常都是这样看待增长的。作为孩子，我们从一个年级到另一个年级，一步一个脚印地进步，为实现更大的目标付出更多的努力，直到高中毕业。如果继续上大学，我们就会开始类似的过程。我们依次进行特定的课程学习，掌握一组概念或技能，参加测试以检验我们的熟练程度，处理更困难的概念或技能，然后继续参加另一项测试，等等。在 20 世纪的大部分时间里，企业生存也以类似的方式展开。等级制度为公司从业人员提供了清晰明确、合乎逻辑的职业阶梯。法律或医学等专业的学生，在毕业后就拥有明确的职业成长路径。当今的简历仍然遵循着等级制度，按照从最近到最早的顺序列出工作经历，然后是学历背景。甚至我们玩的电子游戏也是线性的，随着玩家对游戏掌握程度的提高，他们会从一个级别提升到另一个级别。每个风险假设都会自然而然地导致回报以及另一个风险假设。

深层文化和生物因素使我们更容易接受线性增长轨迹的概念。正如学者们所观察到的，"几十年的认知心理学研究表明，人类的大脑难以理解非线性关系。我们的大脑善于画出简单的直线。"西方社会似乎特别强调线性思维，而东方文化中的思维往往更具整体性但缺乏逻辑性。正如心理学家尼克·霍布森（Nick Hobson）所描述的那样，"西方人是分析型思考者，这意味着西方人以线性方式看待世界，划分出不同的事件，并通过因果关系透视事件。西方人受规则约束，以系统为导向，容易被焦点事件所吸引。"

　　事实上，风险与回报之间的联系往往并非那么一目了然。我们因为多种原因而冒险，经常同时追求多个目标，并在不同的时间以不同的方式取得结果。我们的选择可能在几个月甚至几年的时间内才会有结果，因为我们会不断地根据目前所取得的成果进行调整，并不断地朝着下一个可能性前进。一旦采取行动，我们就会坚持，而前进的道路最终会比我们最初想象得更加曲折。我们可以尝试将单个操作与单个结果关联起来，将努力的多少与回报的大小关联起来。有时候，我们可能会发现与风险和回报相关的元素确实像预测的那样相互关联，但更常见的情况是，我们发现自己正处于一个不稳定、不断变化的进程中。

　　如果绘制出生活中取得的个人成就，我们会发现这些成就看起来不像是直线分布，而更像是散点图。就我个人而言，我所承担的一些小风险最后产生了巨大的结果，而一些巨大的风险却产生了较小的结果。最初看似低风险的选择却发展成有重大意义的成功，而一些表面上的成功事实上却是一次失败。

　　与留在亚马逊相比，接受 Yodlee 联合创始人的职位对我造成了巨大的财务风险。虽然我也赚钱了，但仅从财务风险分析，这是一次失败的跳槽。然而，这次经历对初创公司来说是一个积极的结果，也是我职业生涯中最积极的情感和声誉事件之一。从头开始创建一家对行业产生巨大且持久影响的创新公司，会带来令人难以置信的满足感。同时，我建立和领导了一支由非常聪明能干且共享价值观的人组成的团队，最终部分团队成员成为我职业网络的一部分。

　　相反，跳槽去谷歌是我职业生涯中风险最小的行动之一，因为当时谷歌公司已经开始盈利并快速增长。小小的风险带来了我职业生涯中最大的一笔财务收益，它也给了我一个以前所未有的学习和成长为一名领导者的机会。谷歌之所以给我这份工作，完全是因为我在 Yodlee 的突出成就。当然，这也要归功于我另一个风险更大的选择——离开亚马逊。

如果我只对特定时间段内的选择进行分析，那么我所做的决定可能被分为极度积极、极度消极或者有待商榷。但分析结果中最让我惊讶的是，我为获得巨大的职业回报而付出的无数次努力以及达到目标需要什么样的"努力"。总的来说，从 20 世纪 90 年代中期到 2010 年，我的职业生涯突飞猛进。我从美林证券和英国天空广播公司的分析师成为一家拥有数十亿美元业务的公司的高管，后来又成为一家初创公司的首席执行官，总体发展轨迹令人瞩目。但这一上升轨迹随着时间和选择而展开，我的个人行动并不符合线性规律。在衡量个人决策和结果时，风险和实际回报之间的关系绝不是线性的。记住，即使你所做的某个决定的最初结果不会立即奏效，但随着时间的推移和多次行动，部分选择可能会产生对你有利的影响。只要做好准备，你很可能从当前的选择得到学习的机会并且获益。

条条大路通罗马

以上论断似乎有悖常理，但如果我们愿意承担更多风险，并且即使在失败后仍然继续冒险的话，那么从长远来看，与专注于承担零星的、个别的大风险相比，小的风险更有可能让我们获得巨大的回报。相反，如果我们不养成冒险、预测、评估的习惯，直觉能力会受到影响，做出明智选择和发展事业的能力也会受到影响。我的职业道路并不是非同寻常。如今，承担多种风险以获得更大整体回报的现象越来越普遍。我再举一个例子。

上市公司 Rapid7 的董事长兼首席执行官科里·托马斯（Corey Thomas）刚开始从商时，他曾梦想有朝一日能成为一家有影响力的大公司的领导者。后来他实现了这个梦想，但正如他对我而言，他的成功是多年来通过在多重风险的夹击中迂回前进取得的。获得工商管理硕士学位后，托马斯又迈出了一大步。就像我加入 Polyvore 时一样，他辞掉了在微软的舒适工作，降薪30%，到一家总部在西雅图的科技初创公司——平行宇宙（Parallels）担任营销主管。

在平行宇宙工作了两年后，它与另一家公司合并，托马斯对公司给他的新工作并不感兴趣。托马斯在微软时就拥有强大的专业赞助商人脉，他本可以很容易地在一家大公司找到工作，但他再次选择减薪20%，担任当时位于波士顿的初创公司 Rapid7 的首席营销官。再次打动托马斯的是人的因素——他非常欣赏的前任老板，这位老板正在创办一家公司。托马斯也有机会创办属于自己的公司［Rapid7 的支持者贝恩资本（Bain Capital）承诺，如果托马斯在几年内表现良好，将资助他创办公司］。

托马斯在 Rapid7 工作 4 年后，公司的营业收入增长到 2000 万美元左右，拥有 200 名员工。他准备离开 Rapid7，开始创业。但世事难料。就在 Rapid7 准备上市前不久，其首席执行官离开了公司。尽管托马斯没有担任首席执行官的经验，更没有推动公司上市的经验，但贝恩资本还是劝说他接受首席执行官的工作，理由是他能够在工作岗位过渡的过程中迅速学会必要的管理技能。托马斯非常清楚从事一份自己未必能够胜任的工作的风险有多大，他也明白并不是所有的董事会成员都支持这一任命决定，但他还是决定接受首席执行官的职位。他一上任就承担了另一个巨大的风险，努力推动公司战略中有争议的改革。最终，他的计划成功了。2015 年，他带领公司成功地进行了首次公开募股（IPO）。

从那以后，托马斯帮助 Rapid7 实现了快速增长（到撰写本文时的 2020 年，该公司的年收入约为 3.5 亿美元）。作为一家上市公司的首席执行官，他已经实现了引领增长和创立口碑的目标。如果他没有做出一系列当时看起来颇具风险的选择，并追求马上看到积极的结果，他就永远不会取得现在的成功。离开微软后，他之前的每一步行动都帮助他在创业领域积累了经验，并建立了人脉。最终，他从意外收获中获益，并担任了首席执行官。

"有时候，生活会以错综复杂的方式扭曲一切。"托马斯说，"冒险是创造性的探索。当你继续前进时，你实际上是在引导你的假设，学习及时做出调整，并以你开始时没有预料到的方式重新确定方向和行动。"托马斯是对的。成功的冒险是一个选择可能性的过程，所有步骤的逻辑和方向只有在回顾时才会变得清晰。尝试去冒险吧，你可能会马上得到回报，但你也可能会一次又一次地得到另一个冒险的机会，最终到达你想去的地方。

行动指南

- 风险与回报的神话让我们相信，任何回报都来自于我们最初承担的风险，并且与我们最初承担的风险成正比。
- 实际上，风险与回报的关系要比线性关系复杂得多。在不同的时间段，结合大大小小的冒险行动，可以获得更大的回报。
- 冒险是通过假设、学习、调整和以你最初没有预料到的方式重新确定方向的过程来展开的。

Chapter

11

第十一章
好汉不提当年勇

　　我试图正视失败，但是面对巨大的失败是一件十分困难的事。除了失望和痛苦之外，我们还会因为自己的错误而对自己进行无情的自我惩罚。从 Polyvore 离职后，我感到非常难过。因此，我躲了起来，不再联系硅谷的同事，而是花更多的时间和家人在一起。我在将近 20 年的职业生涯中取得的成就，在这次失败面前相形见绌。我始终感到遍体鳞伤。

　　在内心深处，我觉得自己能够走出阴霾，做出下一个选择。为了帮助我重拾信心，我的教练大卫帮我复盘了这次遭遇，这样我就可以从中吸取关键教训，继续前进。大卫给了我最好的建议，鼓励我继续敞开心扉。他指出，我之所以能够成功，很大程度上取决于我是一个真实可靠、充满活力的人，对一切事物都抱有希望。经历了从 Polyvore 离职的打击后，我很容易变得厌倦一切、故步自封、顽固不化。如果真的变成这样，我就会削弱自己的超能力。和大卫一样，我的家人也帮助我在事业低谷保持自我意识。我的丈夫和我决定进行一次短暂的滑雪旅行。我们夫妻双方以及孩子们一起做一些我们喜欢的事情，这是一种非常必要的

159

分散注意力的方式，也是我走出低谷、舔舐伤口的绝佳选择。

　　一两个月后，最初的震惊悄然而去，我也开始总结我从过去的经历中学到了什么，并考虑下一步的规划。有两条截然不同的道路摆在我的面前：再次在电子商务领域担任首席执行官，或者自主创业。我喜欢在网上购物领域做顶层设计的工作，特别是生活方式导向的商品和服务行业，因为这些工作可以给消费者带来乐趣和灵感。我考虑加入一家更大的公司，在那里我可以最大限度地发挥我的领导才能，而且公司的创始人很早就已离职，财务风险也较低。如果我要追求第二种选择（在我看来可能性较小），鉴于早期风险投资固有的高风险，我只想经营一家我创办的公司，在那里我将占据绝对优势，还可以创建自己的企业文化和工作团队。

　　果然，正如大卫所预料的那样，猎头开始给我打电话。我以平和的心态听取了他们提供的工作机会。我还发现自己被一个关于电子商务的想法所困扰，这个想法是我在离开 Polyvore 几周后第一次想到的。我知道消费者希望获得"可购买"的信息，比如灵感板，从而在时尚、美容和家居等方面找到最佳选择。我也知道品牌方想要通过这种方式销售产品，因为他们担心受制于亚马逊。回想我在谷歌的最后几年，我还记得油管（YouTube）上的"宣传员"如何在平台上通过分享他们购物的视频成为时尚和美容的引领者。然而，视频商务（换句话说，可以购物的视频）还没有成为网络购物的主要趋势。由于大量老年女性消费者沉迷于在广播电视上购物，所以美国最大的电视购物公司 QVC 和集电视、网络、目录购物为一体的多渠道电商平台 HSN 继续在这一领域占据主导地位。直觉告诉我，我发现了一个商机——创建互联网上第一个真正专注于时尚、美容和家居产品的视频购物频道。这里蕴藏着巨大的商机：QVC 和 HSN 是价值数十亿美元的企业，在线视频购物频道也可以做到如此宏大的规模。

当萌生了新的想法后，我变得更加好奇了。害怕错过的恐惧正在肆虐着我，因为我不确定自己是否真的想从头再创办一家公司。从 Polyvore 离职之后，我犹如惊弓之鸟。我真的不知道该如何是好。我开始设计一个视频商务网站的原型，并与当地一位有影响力的人一起拍摄了几段有关时尚和美容产品的视频。我把这些视频展示给 12 位女性朋友，并观察她们的反应。与此同时，我采用了多管齐下的策略，不停地挑选接踵而至的首席执行官的职位。

2011 年 1 月，也就是我离开 Polyvore 大约 5 个月后，我决定再度出山。我曾是一家大型在线旅游电子商务品牌首席执行官职位的有力竞争者。同时，我早期的可购物视频测试也取得了积极的反响。旅游业首席执行官的机会风险较小，且更有影响力，但旅游业的品牌在商品化的行业中难以实现增长。尽管我对处于早期阶段的公司抱有复杂的情绪，但我的确认为视频商务将在未来几年处于引领地位，而且我对从零开始进行首创的想法感到十分兴奋。最终，兴奋的念头占据了上风。在离开谷歌的两年时间里，我发现自己做出了第二次"高风险"的决定，创办了当时独领风骚的女性在线视频电商网站 Joyus。

我对自己的创业之路不抱任何幻想。有了 Yodlee 的工作经历之后，我明白任何新企业的起步都将是一条漫长而曲折的道路，尤其对一家试图创造新市场、抓住新趋势、敢于首创的公司。五六年后，我甚至不知道 Joyus 是否能够长期生存。换句话说，消费者是否能够接受公司的理念，企业是否能够扩大自身的规模，以及是否能够在几轮风险投资后实现盈利。我当然梦想建立一家大公司并获得回报，但现实距离预期还有一段距离。在 Joyus 的初创阶段，我和其他创业者一样面临着诸多挑战：我该如何开始？怎样在努力的过程中给自己打气，直到实现目标？

成功源于结果

当然，答案是要在未来的一段时间里实现真实、可见的里程碑，以实现更大的目标。无论我们是铁人三项运动员、企业家还是厨师，可以确信的是，随着时间的推移，以较小的增量进行迭代可以让我们实现更大的志向。里程碑式的突破激励着我们，使我们能够从阶段性成就中受益。实际上，要一举取得巨大的成果几乎是不可能的。我们必须首先取得较小的成果，然后充分利用它们所创造的动力来推动我们的进步（见图 11-1）。任何创业者或业务部门的领导者都会告诉你，成功来自于逐一解决问题，通常是按顺序解决问题。在某种程度上，解决方案为我们释放了复合效益。我们的进展也随着我们解决的一个个问题而加速。

你是否曾经完成过数百块拼图？有些人（比如我）喜欢先拼接边界，而另一些人喜欢先把相似颜色的碎片拼在一起。我们先将谜题的不同部分单独组合起来，一旦完成足够多的部分，我们便可以将各个部分连接在一起拼成整体。如果不先完成拼图的这些部分，我们便无法完成整个拼图。同样，在我们的职业生涯中，我们可以先不断地取得有意义的小成果，而不是一开始就要取得想象中的最终成功。如果没有日积月累的小成果，我们就不可能在更大的事情上取得成功。长期回报的关键始于一系列短期成果的影响。

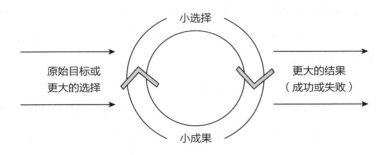

图 11-1　所有结果都会产生影响

许多人认为，一旦做出更大的选择，他们的工作就基本完成了。但实际上，工作才刚刚开始。你现在必须利用机会逐步开展各项工作。

影响是一个中性的定义。当我们朝着一个目标迭代执行时，并不是我们所取得的每一个结果都是在通往最大目标的道路上取得的微小成功。结果可以是积极的（我们期望的成就），也可以是消极的（并非我们期望的成就）。在职业生涯中，我们一直被教导只看重积极结果。但事实是，消极的结果往往也会推动我们朝着目标前进，并产生重要的影响，因为它可以帮助我们辨别哪些是有效行为、哪些是无效行为。

如果足够幸运的话，我们所有的行动都会在第一次尝试的时候产生积极的结果，但是我们知道这是多么不切实际。当尝试创新时，我们通常会通过洞察当前行动来决定执行下一个行动，直到取得积极成果，进而取得进步。在科技领域，研发团队预计他们第一次尝试的产品功能并不能使消费者满意，而是通过之后的不断迭代来满足消费者的需求。在科学研究中，研究人员对迭代失败的预计更高。如果你正在开发一种突破性的抗癌药物，你知道在看到最后胜利的曙光之前可能会经历多少次失败的结果吗？

没人比马泰·马门（Mathai Mammen）更加了解如何通过积累较小的影响（包括成千上万的小失败）来建立成功的职业生涯。马泰现在是强生公司药品业务研发部的全球负责人。在职业生涯的早期，马泰是默克公司（Merck）的高级副总裁，在此之前，他还创办了两家生物技术公司，分别是 Theravance 和 Inoviva。在整个职业生涯中，马泰一直致力于通过承担各种大大小小的风险来取得突破性成果。正如他所说，开发新药的漫长过程需要沿着冒险的道路前进。起初，你会在相对不太可能成功但一旦成功便将产生改变生活的药物的想法或技术上押上大量小额、廉价的赌注。从这之后，你将逐渐承担更少但更大的风险。当你决定提交哪种候选药物以供监管部门批准之前（需要进行所有昂贵的测试），你会在单一药物上投入大量的资金。

我问马泰，作为一名科学家，在这 10 年或更长的时间里，为了让自己一直坚持下去，如何才能让自己保持幸福感和满足感。他说，关键是要铭记最终目标：帮助人们生存、健康和幸福。"你每天都深知自己的目标。当你为患者减轻疾病负担时，你不仅帮助了患者，也帮助了家庭和社会。这种救死扶伤的影响是巨大的，会激励你继续奋斗。"马泰还强调了一路上朝着里程碑努力的重要性，并在每次到达里程碑时进行庆祝的重要性。里程碑包括理解疾病在人体内发生的病理机制，发现解决病理机制的药物制剂，以及临床验证该药物在患者身上的实际作用。"我们必须在通往最后胜利的道路上及时地庆祝阶段性胜利。"

马泰专注于实现小影响的能力，不仅让他取得了巨大的成功，而且还在专业领域取得了重大突破。2020 年，马泰和他的团队参与了为导致新型冠状病毒肺炎（COVID-19）的新型冠状病毒（Sars-CoV-2）寻找有效疫苗的工作。由于多年从事为艾滋病病毒（HIV）、埃博拉病毒（Ebola）和其他病毒研制疫苗的艰苦工作，马泰的团队早已整合了他们认为可以动员起来的所有力量，以成功研制新冠疫苗并实现大规模生产。参加疫苗研发是一个巨大的赌注，但它是建立在数百甚至数千个小赌注之上的结果。马泰和他的团队一直专注于制造影响力，现在它即将以一种既巨大又出乎意料的方式获得回报。2020 年，强生公司成为全球三大将新冠疫苗投入临床试验的顶级公司之一。2021 年年初，该公司率先将单剂疫苗交付给食品药品监督管理局（Food and Drug Administration，简称 FDA）进行审批。美国其他疫苗需要在超低温下储存，但强生公司的疫苗却可以常规冷藏。

当我们的目标是实现短期的微观目标时，我们经常会创造出预料之外的衍生结果。这种情况在技术领域时有发生：比如，科学家或工程师试图解决问题 A，但他们却找到了更有效地解决问题 B 的方案。有时候，我们在追求一个大目标时意识到的衍生影响会以无法预料的方式给我们带来幸福感和满足感。我们可能会发现，在追求目标的过程中，我们已经建立了一个团结协作的团队，发现了一个前所未有的超能力，或者创造了一个使每个人都受益的崭新的、持久的流程。随着不同结果的出现，我们可以积累多种类型的影响，成为我们追求未来的基石，其中大多数（但不是所有）也会直接促进我们目标的达成。

一石激起千层浪

关注影响意味着不断地指导和调整我们日常的努力，采取更有可能在短期和长期内带来切实结果的行动。也就是说，追求影响力并不是自恋的行为。几乎我们追求的任何里程碑都不仅取决于我们自己的努力，还取决于与我们志同道合的同事和队友。事实上，我们通过努力实现目标而获得的幸福感和满足感来自于这样一种感觉，即我们正在为比个人事务更重要的事情做出贡献并帮助他人获得影响力。

为了实现里程碑目标，我们必须专注于自身能力建设，以实现个人成果，同时加快所属团队的成果实现。当我们忽视他人而只关注个人成果时，我们可以取得一些进步，但很难取得更大的成功。在职业生涯的早期，我们倾向于追求狭隘而客观的雄心壮志：我试图创立一家具有一定规模的公司或服务，并获得金钱或声望等回报。随着岁月的流逝，我建立了团队并在他们取得成功时感到满足，在此过程中我得到了更大的个人回报。如今，我根据两种持久的热情来构建我的职业选择：帮助构建让数百万用户感到满意的服务，以及帮助同事加速实现职业抱负。

提高影响力的七个步骤

是什么将我们当中更有影响力的人与那些交付结果远没有那么始终如一的人区分开来？这不是个性或天赋的差异，而是执行力的区别。更有影响力的人选择更频繁地以非常具体的方式承担较小的风险，反复执行并取得成果。以下是我在工作中应对小风险的七大策略（见图 11 – 2）。

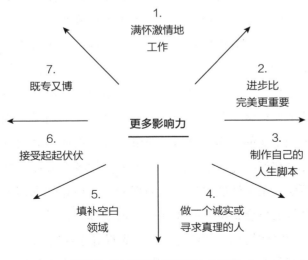

图 11 – 2　应对小风险的七大策略

1. 满怀激情地工作

2015 年，西蒙·陈（Simon Chen）申请加入 Joyus 工作。尽管他以优异的成绩毕业于一所精英大学（加州大学伯克利分校），但他也很难找到自己的第一份全职工作。西蒙可能没有想到自己毕业后会考虑一个初级管理岗位，但这正是我们缘分的开始：担任首席执行官（我）和首席营销官大卫的执行助理。

因为我无暇对西蒙进行面试（我经常会见客户、投资者和其他人），所以我让大卫来面试西蒙。有一天，大卫打电话给我，他对西蒙赞不绝口，说很想聘用西蒙。但我有点犹豫，我更喜欢雇用一个能够迅速上手的助理，而不是雇用一个可能会抱怨工作繁重的应届毕业生。尽管如此，我还是听从了大卫的意见。

西蒙刚入职时表现很好，充分地展现出自己是一个非常努力的人。除了他的职业道德，让我印象深刻和高兴的是他对了解工作内容以及公司方方面面的热情。分配给他的许多日常任务都是平凡而重复的：管理我的日程安排，订购食品杂货以保持公司冰箱的储备充足，等等。西蒙以真正的热情履行这些简单重复的职责，弄清楚如何将一些更无聊的任务自动化，同时关注细节，并亲自处理最重要的工作，例如召开董事会会议或与高层管理人员沟通。无论在何时，西蒙都渴望理清工作的各个方面并把它们做好，而不仅仅是关注偶尔吸引人的部分。他还充分利用了与首席执行官接触的机会，不断向我询问会议进程及其设置原因，向我请教公司的整体情况，并就他本人的表现寻求反馈。

回顾西蒙在 Joyus 的经历，他说自己确实是冲着学习知识和技能而来的。他认为做好自己的基本工作就像一张"入场券"，可以让他探索一家初创公司的内部运作方式，获得工作经验，并看看公司的哪些部分与自己契合。"刚出大学校门，工作的实质不是为了追求一个花哨的头衔，而是我能学到什么以及我能向谁学习。"西蒙说道。即使是在平凡的任务中，西蒙也在试图寻找工作的意义。以给办公室买零食的工作为例，"一个人的观点可能是，'这是一项多么无聊的工作。'另一个人的观点可能是，'我购买的东西会影响员工的士气。'"通过寻找工作的意义，西蒙可以激励自己将他所拥有的一切能量都投入工作和学习中。

对西蒙而言，将自己投入初级管理岗位是一种风险吗？也许是。但通过怀揣一种积极、好奇的态度和方法，西蒙把自己的工作变成了寻找一份更好职业机会的敲门砖。

在短短几个月内，西蒙就进入了工作角色，成为我职业生涯中最好的助理之一。通过节省我的时间，他增强了我在工作中的影响力。不到一年，我们就让他晋升到计划和分析小组，并兼职做我的助理。几年后，当我们卖掉 Joyus 时，西蒙申请了脸书的工作。当一位脸书的招聘人员打电话问我对西蒙的评价时，我告诉他应该早点聘用西蒙，更重要的是，西蒙可能会成为他招聘得最满意的人选之一。"总有一天西蒙会成为首席执行官，"我说，"我会排队加入他的董事会。"

要想在工作中出类拔萃，你必须要以高质量（效果）和高速度（效率）完成工作，而不能只在自己喜欢的部分努力工作。你必须冒时间和精力的双重风险，努力掌握工作的方方面面，包括枯燥的部分。当我为美林证券的"怪人汉克"服务时，我十分注重每个细节。比如宣传册的制作，我会关注字体以及数字中的小数点是否在正确的位置。我也对工作表现出强烈的好奇心，把自己置身其中，询问汉克关于储蓄和贷款的问题。我利用习得的知识提高效率，从而把腾出的时间用在更重要的工作上。当我表现出能够掌握工作职责并渴望学到更多知识时，汉克赋予了我更多的职责。这反过来又让我开发了更多的新技能，并产生了更大的影响。因此，我的表现超过了同龄人，工作第一年就获得了最高的评分，第二年就在伦敦获得了一份待遇优厚的工作。

2. 进步比完美更重要

当我们决定行动的时候，我们可能会过度计划，试图把每一个小的选择或行动都做到绝对完美。正如我们所见，完美只是一种幻觉。把大部分时间用于简单执行的层面，我们可以获得更多更好的数据，并推断出实际中最有效的行动。这种洞察力比头脑中创造的任何抽象计划都更具实效性。科学发现也是如此。正如统计学家乔治·E. P. 博克斯（George E. P. Box）曾经观察到的那样，进步不是来自无休止的理论推导或数据积累，而是"在理论和实践之间的不断迭代"。花太多时间计划每一个行动（"理论"），我们就不会得到实践的洞察力，影响的传递也会变慢。

换句话说，通过等待和拖延，直到你在任何计划中都做到完美无缺，你会延迟获得可能帮助你在下一步行动中取得理想结果的宝贵知识。即使你还没有制订完美的计划，也必须鼓起勇气实施粗略而有效的计划，然后尽可能地向前推进。

正如哈佛大学的伦纳德·A. 施莱辛格（Leonard A. Schlesinger）及其合著者在书中所描述的那样，小企业主实际上可能比他们想象得更容易受到这种趋势的影响；他们倾向于遵循"预测推理"，这意味着在采取实际行动之前要进行大量的规划和思考。虽然这种方法富有成效，但施莱辛格和他的团队认为，小企业主可以通过采取行动来取得更大的进步（我认为这种方法一开始可能会让人感到非常冒险），并将他们学到的知识应用到成果中，因为通常情况下未来是不可预测的。在极端情况下，我们可能会过度计划，因为我们通常会过度思考，过分担心未来和无法控制的因素。正如一位专家所观察到的那样，过度思考可能会导致我们"陷入可能不会发生的潜在后果中，因为担心某些结果，而使我们疲于或畏惧采取行动"。

我所加入的每一家公司，无论是 Yodlee、谷歌还是 Joyus，我都看到了"做对了"和快速行动之间存在的紧张关系，特别是在团队创建并实施每季度的目标和关键成果的时候。当为接下来的90 天设定目标时，一些团队花了几周时间制作了 10 页幻灯片来概述精确目标，而另一些团队则花了 1 个小时制作了 1 张幻灯片。如果在 12 周的时间里花了 2 到 3 周去做计划，我们就会失去大量执行和实践的时间。当团队开始意识到这一点时，他们往往会缩减设计目标和关键成果的过程，通过了解问题的本质和确定需要执行的关键任务来更有效地设定目标。当他们能够放弃完美的计划，转而付诸行动，并在行动中调整计划时，真正的影响和学习才会更快地发生。

完美的计划之所以麻烦还有另一个原因：完美的计划会假设我们用于计划的时间不会让我们付出太多的代价。但正如我们之前所意识到的，周围的环境一直在变化，犹豫的时间可能会产生相较于意识到的风险更大的影响。当然，我们也不应该仅仅通过行动来更快地进行学习和获得影响，但适度地偏执于行动也会带来一些好处，因为等待的时间越长，有利的条件就越可能会消失。

3. 制作自己的人生脚本

按照我的定义，创作需要对如何完成一项任务或目标有一个独到的想法，并将这个想法传播到全世界，以加速进步和前进。许多人将创作者的身份视为创始人、发明家、艺术家和其他更大的冒险者的专利，将其与非凡的独创性或创造性联系在一起。事实上，我们每个人都有独到的想法。创作可以小到在计划会议上抛出一个任何人都没有提出过的想法，也可以大到尝试推出一个新的产品、服务或流程并吸引其他人加入你。不管具体是什么情况，如果我们愿意冒一点小风险，抛开对让自己看起来愚蠢的恐惧（我们称之为自我风险），并有勇气直言不讳，我们就可以发挥创作者的身份，扩大影响力。

我想你会发现，直言不讳的好处远远大于默不作声。

创作可以帮助我们更快地朝着目标前进，促使自己和周围的人尝试新的策略，并从结果中学习。无论何时，只要愿意尝试新事物，我们就会鼓励其他人尝试自己的创作，任何学到的新知识都会成为整个团队的宝贵财富。其他人也会更加认可我们的才能和贡献。

4. 做一个诚实或寻求真理的人

即使当我们缺乏解决问题的独创性想法时，我们仍会认真观察并提出意见，以实现目标。如果我们愿意实话实说，坦率地说出真实想法，真正产生有益结果行动的概率就会得到提升。此外，我们的坦诚也会激励同事们进行效仿，引领整个团队破除实现集体目标的真正障碍。

就像创作一样，大声说出真相需要我们对自我和职业承担一定的风险。同时，伴有少量的个人风险，因为公开讲话可能会让个人感到不适。我们害怕自己班门弄斧，害怕自己的评论在不知不觉中冒犯了别人，或者害怕老板当众责骂我们。但是，保持沉默也有其自身的风险，因为我们可能无法发现或分享不同的观点，从而限制了团队的效率。总的来说，说出真相在加速影响方面有很大的潜在优势，但也有相对较小的劣势（在强烈的信任感和潜在的价值观相匹配的情况下）。最坏的情况是别人可能会看不起我们，但更有可能的是我们将推动集体的进步，甚至给别人创造说话的机会。当然，你要确保以礼貌和文明的方式表达你的想法和反馈，以免疏远或激怒同事。另一种加速影响的方法是积极地寻求真理，提出深思熟虑的问题，以便获得诚实的反馈或思考。最优秀的真理寻求者，会努力让人们毫无顾虑地表达真情实感。

与我共事过的最有影响力的人，他们既是真理的探索者，也是真理的讲述者。他们不仅分享自己的观点，而且也帮助别人这样做。前以色列军官、现任索尼首席人力资源官奥里特·齐夫（Orit Ziv）就拥有这种超能力。离开 Joyus 之后，我与奥里特成为门票交易公司 StubHub 的共同领导者（稍后我会详细介绍），她当时是该公司的首席人力资源官。我第一次参加工作面试时遇到了她，我清楚地记得，她友好而又深入的问题让我不禁有点畏惧。我上任不久后，奥里特是为数不多的愿意就我作为首席执行官的表现给我直接反馈的人之一，她把我当作值得尊敬的同事，而不是过度恭维。奥里特还会向其他高管提出问题，激发新的见解，帮助每个人反思自己的真实表现和优劣势。

当我问奥里特能给其他人提供什么样的建议来加快进程时，她强调说实话的方式能让别人听到什么是重要的，特别是当你与老板或有权有势的人打交道时。她在直言不讳之前一定会征得他人同意，而且还会采取措施缓解人们对可能听到的内容的恐惧。"我告诉他们，我们可以闭门进行激烈讨论，可以相互持否定意见，可是一旦我们离开这个房间，我将永远维护会议中做出的决定。"至于怎样做一个诚实的人，她说她试图让人们放松，排除说出真相的恐惧，然后帮助人们看到风险可能并不像他们认为的那样大。她还试图表现出好奇心，通过提问来引出话题，获取背景信息，而不是拿着假设、信念与人对峙或相互反驳。

5. 填补空白领域

在西蒙·陈加入 Joyus 几个月后，公司的客户服务咨询突然激增。公司没有足够的人手来迅速应对这些问题。西蒙以前从未从事过客户服务工作，但他渴望学习并帮助团队。他主动地在周末帮忙回复一些客户服务订单，然后帮助处理假期需要处理的大量请求。客户服务不是他的工作内容，但他看到了公司的需求，并毫不犹豫地去填补它，冒着增加工作时间和花费个人精力的小风险去学习和贡献。

当试图产生影响时，我们都倾向于各司其职。与此同时，我们也希望别人履行职责。当别人没有做好"他们分内的事"，或者我们发现了一个没有人填补的缺口时，我们的挫败感就会增加。当我们没有实现集体目标时，我们会急于责怪其他人或团队，指出其他人不足的部分。为了最大限度地发挥集体的影响，我们必须摒弃某些领域"不是我的问题"的自私观念。为了实现整体结果，我们必须经常填补没有人愿意进入的空白领域，即使这会给人带来不舒服的感觉或增加个人风险。

当我开始创建 Joyus 时，我成功地招募到了有"拼命"精神的强大领导者。我和联合创始人戴安娜（Diana）合力聘请了 Yodlee 的早期工程师蔡辛梅（Sin-Mei Tsai）担任公司的首席技术官。我们开始建立公司，并以小团队的形式交付成果。当我们开始扩展时，执行过程变得更加复杂。当一个项目无法按期交付时，每个部门都会相互怪罪。如果每个人都认为成功只是意味着完成自己负责的那一块拼图，以此类推，即使没有达成共同目标，每个人也会认为自己获得了成功。

我们的领导团队努力向员工阐释主人翁意识的重要性，并将它延伸到员工直接负责的任务上。最后，辛梅在一次全体会议上发表了我所听过的关于所有权的最佳类比之一。"我们每个人在公司里都有各自的角色。"她说，"想象一下你自己的角色，在它周围画一个圆。这是你直接拥有的东西。现在让我们想象一下，我们每个人都把一个圆接在另一个圆的旁边，你会看到圆和圆之间有间隙。真正的所有者不仅拥有圆里的东西，他们还拥有圆外的部分。"

辛梅的论断是正确的。那些不求回报、无私奉献、去推动结果的人，关注的是任务或项目中的空白部分——这本来不属于他们负责的范围，同时其他人也不会越界去帮忙。无论我们在组织金字塔的哪个位置，项目的空白部分通常是我们可以增加价值的地方。我们不仅可以像"主人"一样思考如何完成目标，当目标和角色变得更大或更复杂时，其他人也会自然而然地以我们为核心去努力。

6. 接受起起伏伏

与此相关的一点是，我们可以通过关注想要完成的事情的小细节和"大格局"来增加我们的影响力。当我称之为"工作范围"的内容增加后，我们就能够增强查看和解决宏观问题和微观问题的能力。我们需要定位自己和他人来执行更有效的计划，而不是停留在"战略意义"或"陷入困境"。

那些习惯于"抬头看路"的人能够对外部环境的变化做出反应，而外部环境会不成比例地影响我们的持续成功。当他们也知道如何埋头苦干，确定项目中影响进展的小细节时，他们就能帮助和推动项目的全面成功。大多数人认为，在一份工作中表现出色意味着此人确实在非常努力地工作——事实的确如此。但是，为了取得成果，你需要顾全大局，并将自己的经验应用于解决问题，并对研发项目的任何等级承担相应的风险。

让我来举例说明。2004年，谷歌要求我不再负责谷歌地图、本地搜索、学术和购物等业务的团队，并将我的工作转移到建立谷歌在亚太地区和拉美地区的业务。我对这些地区一无所知，管理情况也很复杂，公司里的许多员工只花少部分时间来支持这些地区的业务。我很快意识到，我需要找到公司中最具才华且已经在兼职从事国际业务的员工，并将他们集中到一个全职团队中，专门负责亚太和拉美的业务。我就是这样认识了一位名叫丹尼尔·阿莱格尔（Daniel Alegre）的精明高管，他具有墨西哥和加拿大血统。

丹尼尔比我早加入谷歌，他一直在努力寻找将谷歌搜索和广告服务整合到同一网站中的跨国公司，并与之建立业务发展伙伴关系。在与丹尼尔会面的5分钟内，我知道我的团队需要他。幸运的是，他也同意加入我的团队。在后来的几年时间中，我们合力将谷歌在这些地区的业务价值打造到数十亿美元。

使丹尼尔如此不可或缺的是他惊人的工作能力。作为一名律师，他管理着我们业务发展的方方面面，从最崇高的战略到最详细的红线和合同细节的谈判。我信任他，让他去见跨国公司的首席执行官，找出最大的战略问题，管理销售渠道，同时也要操心细枝末节。因为信任他的工作，我给了他足够的自主权来推动结果，我认为他因此也会在自己的工作中感到满足。

在我调换部门后的前几个月里，谷歌需要决定是否在中国开展业务。如果谷歌希望进入中国市场，那就需要制定相应的战略步骤。与谷歌的全球工程负责人艾伦·尤斯塔斯（第五章中的跳伞运动员）不谋而合，我也认为谷歌不能置身于中国市场之外。尽管进入中国市场可能具有挑战性，但我们必须打开中国市场，并向中国消费者和小企业提供服务。

2004年年初，当我们最终赢得了进入中国市场的支持时，我们团队不得不考虑如何真正入驻中国市场，因为我们之前都没有在中国的工作经历。入驻过程很复杂，但一开始都是一些跑腿的工作，比如在北京找到一个办公室，招聘第一批员工，成立一家外商独资企业，并获得必要的批准。当我问团队成员谁想去中国实现这一规划时，丹尼尔迅速举起了手。除了负责亚太和拉美的业务发展，丹尼尔还亲自到中国成为谷歌在中国的第一位领导者，负责处理业务启动和公司运行的所有事情。

据丹尼尔回忆，带领谷歌入驻中国市场的举动对他的职业生涯来说是一次真正的冒险。他表示："如果失败，我在谷歌和业内的声誉会一败涂地。"但是，一旦成功，好处也是引人注目的。"我曾经因为短途商务旅行去过几次中国，我感觉到当时中国的经济，尤其是互联网经济正经历着巨大的繁荣。尽管我对中国的了解有限，也不会说普通话，但能在中国白手起家建立一家像谷歌这样的公司，这是一个千载难逢的机会——一个学习和发挥能力的机会。我没有理会任何潜在的盲点或恐惧，而是大胆地进行尝试。"

丹尼尔能屈能伸——他的确能在任何被需要的地方发光发热。我和丹尼尔的合作关系成为我职业生涯中最有成就感的一段，丹尼尔也赢得了谷歌国际管理团队和谷歌执行领导团队的尊重。当我离开谷歌的时候，丹尼尔是接替我管理职位的最佳人选，最终他也赢得了这份工作。丹尼尔在谷歌轮岗过各种领导职务，后于 2020 年离开谷歌，成为动视暴雪的总裁兼首席运营官（COO）。由于我们公务缠身，故鲜少见面，但我们仍然保持着密切的联系。这在很大程度上得益于多年前我们在共同努力加速影响时建立的信任。

7. 既专又博

正如前文所讨论的，我们可以通过发挥自己独特的能力来更聪明地承担风险。这些独特的能力不仅包括我们因个性而具有的先天优势，还包括我们因经验而积累的深厚专业技能和知识。公司花费数十亿美元雇用程序员、营销人员、销售人员、顾问和各行各业的专业人员，正是因为公司希望利用他们深厚的专业技能和知识。当然，专业技能和知识可以让我们比白手起家的新手更好、更有效地取得成果。

我们可能不会在职业生涯早期就掌握专业技能和知识，但不用担心：公司会因为我们的潜力而雇用我们，会结合我们的教育背景或有限的工作经历来研判我们的超能力和技能。当得到职位后，我们就可以开始发展更深入的专业技能和知识，以增强和补充我们的超能力。当我们接受新的任务和目标时，会利用不断增强的技能和知识来推动结果的产生。大量研究发现，成就与越来越深入的专业化联系紧密。就像马尔科姆·格拉德威尔（Malcolm Gladwell）的畅销书《异类：不一样的成功启示录》（*Outliers：The Story of Success*）中所描述的那样，我们需要投入 10000 个小时才能取得专家级的成功。

在职业生涯中积累知识还有其他优势。大多数人会发展一到两个专业领域，在这些领域中，我们会发挥影响力，建立声誉，并获得晋升。对我个人而言，我比较擅长业务开发和财务分析领域。根据我的经验，企业的最高职位越来越多地由那些能够在其他领域获得专业知识的人担任。职业社交网站领英在一项分析了约 45.9 万名会员的职业选择的大型研究中发现，承担额外的工作职能有助于个人晋升到高管职位。一项新的工作职能抵得上3 年的工作经验。那么，我们如何协调专业化与多样化呢？

答案是遵循一条我们可以称之为"宽 - 窄 - 宽"的道路。当我们大学毕业时，几乎所有人都缺乏深层次的专业知识，甚至不知道自己的优势和激情所在。此时，我们可以广泛地选择工作或角色，并在此过程中掌握更深层次的技能、发挥影响力和树立自我意识。当想要在工作中加速影响力时，我们可以选择专攻某个领域或行业，以帮助我们在职位上变得更有效率、更富成效、更加快乐，把我们带进产生更深远影响的区域。

在产生更深远影响的区域内，我们应该努力在擅长的领域内不断扩展专业知识，同时承担新的、小的风险，以进一步拓展技能并做出贡献。在职业生涯的某个阶段，我们非线性学习和产生更大影响的能力将会下降。如今，几乎每一个领导职位都要求我们驾驭多个职能和领域，并在我们闻所未闻的情况下运转起来。在这一点上，让我们在过去产生影响的能力将阻碍我们在未来产生影响，所以我们应该寻求拓宽视野。如今的公司真正需要的是具有深厚专业知识和广阔视角的人才。随着商业环境变得更加动态和复杂，我们应该努力发展深度专业化和多元化的能力，广泛应用已有的技能和知识，不断学习新的技能和知识，以适应新环境，应对新挑战。

在职业生涯早期，我已经具备了基本的销售知识，以及本科阶段在商学院学到的财务知识。我首先选择成为一名金融分析师，然后是一名业务开发经理，通过进一步发展这两个领域的技能，我最终成为一名能够推动合作、销售和创收的全能型人才。我也在许多不同的行业、公司、地域和商业模式中测试并扩展了习得的专业知识。

我很自豪地说，在我第一次接受任何工作时，之前我从未真正胜任过它。在我职业生涯的前半段，我总是冒险学习新的、不同的知识，同时深化和拓宽核心专业知识。幸运的是，我说服了每一位招聘经理得以将我先前的专业知识作为起点，同时挑战自己以新的方式应用专业知识，有时还需要学习全新的知识。当然，年轻时成为一名企业家也给我上了一堂速成课。但由于我在职业生涯的不同阶段追求深度和广度，随着职业生涯的发展，我有了越来越多的选择，包括从总经理到首席执行官。

新的良性循环

你可以参考这样一个场景——它与我职业生涯中目睹的许多场景很相似。一家大型银行的高级领导请表现出色的经理安（Ann）管理一个新部门，为年轻消费者推出并推广一种新的个人理财产品。安的目标是：成立部门，并在 4 年内实现年收入 1 亿美元的商业计划。起初，安想知道她是否应该接受这项任务，因为这是一个可怕的职业风险，她怀疑失败会毁掉她的事业。但安答应了，强迫自己选择可能性。

在接下来的 4 年里，安努力工作，冒着许多小风险，陆续取得了成果，但最终未能实现更大的目标。她确实取得了一些积极的成果：她建立了一支高绩效的团队，作为一名管理者受到高度评价，推出了一种新的商业模式，并实现了 5000 万美元的年收入（只有最初目标的一半，因此计划仍然宣告失败）。此外，这是她职业生涯中第一次学习了在线用户设计原则（推出和管理与个人理财产品相关的在线应用程序)。她感到非常失望,但她依然不屈不挠。为了更快地发展客户,她还和团队成员进行了六次不同的尝试。回到之前的一个比喻,安未能组装整个拼图并达到她的目标,但她组装了拼图的几个部分——她取得的业绩所产生的影响和她获得的新的超能力。

两年后,公司关闭了该部门,因为它的规模不足以支撑运营所需的投资。安回到她以前的工作,并继续在那里表现出色,再次管理着一家成熟的企业。几个月后,一位猎头打电话询问安是否愿意成为金融科技领域一家初创公司的首席执行官。安现在才意识到,她在管理公司新部门时所创造的影响和成果为她提供了新的职业选择。这家初创公司的创始人也看到了安的业绩和潜力,给了她这个机会,并最终从其他几位和她一样经营大企业的合格候选人中选择了她。

通常的观点是,冒险的结果是二元对立的:要么构建完整的拼图(实现最初的总体目标),要么我们的努力就会付诸东流,只剩下零星的部分。事实上,我们在冒险的过程中所创造的拼图的每一部分都具有价值,能够让我们在未来创造出全新且不可估量的成果。想想我们所获得的所有专业成果和发展的超能力(包括敏捷性、弹性和信心等),它们都是我们职业生涯中最宝贵、最持久、最易重构的部分(见图 11–3)。无论最初的抱负是成功了还是失败了,我们都保留了在冒险过程中的收获。这些收获将加速我们职业的整体成功率。

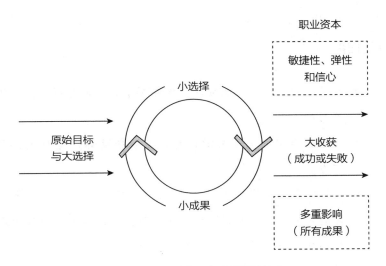

图 11-3　职业生涯中最重要的部分

　　通过做出迭代选择，在执行中承担更小的风险，并交付多种类型的影响，我们建立了一种职业资本，它可以进行多次回报。最终，随着在执行时不断地选择可能性，我们很可能会实现第一次冒更大风险时所设想的最初目标或抱负。或者当我们在一个完全不同的地方找到自己时，我们可能会意识到这些回报。无论发生什么，我们总是通过建立更大的影响力、增强或增加超能力来获得职业资本。每次进行迭代，我们的影响力、敏捷性、弹性和信心都会增加，我们也有机会在将来获得更成功的职业生涯。

行动指南

- 为了将来取得更大的成功，首先要把重点放在短期的结果和影响上。
- 日常工作中的七个关键选择，可以帮助你产生更大的影响力。
- 无论你是否实现了最初的目标，你所创造的成果以及所开发的超能力是所有冒险旅程的真正回报。这种职业资本在成功和失败中不断得到积累。

Chapter 12

第十二章
如何应对失败

当我们继续选择实现更大抱负的可能性时，难免会遇到反复尝试都无法解决的问题，最终导致失败。当莫名地在行动过程中感到不开心或效率低下时，我们可能会经历所谓的"影响失败"，这会影响我们达到最初的目标。因此，学习如何在问题出现时进行诊断，以便调整方法，变得至关重要。我们还必须知道什么时候该继续努力，什么时候该放弃更大的风险，拥抱一个全新的抱负——这是我在建立和运行 Joyus 的过程中学到的一课。

我在这家公司经历的 6 年（2011—2017 年），与其他创业人员的经历一样有趣、充实、不可思议、沮丧和痛苦。我们吸引了一支出色的团队，在几轮风险投资中获得了数百万美元，并建立了新的专利技术，通过视频播放器实现实时商务。

我和我的团队创造了一种通过在线视频实现购物和货币化的新商业模式，经营着 Joyus 工作室（该工作室专门携手生活方式专家为爆款产品制作宣传视频），并与时代公司、美国在线等大公司建立了在线分销合作关系。公司收入连年翻番，年销售额从零增长到 1700 万美元，到 2016 年年底拥有数万名用户。

　　与此同时，我开始利用自己积累的行业知识对其他电子商务初创公司进行天使投资，成为服装电商 Stitch Fix 的第一个投资者和董事会成员，并入股了其他成功的公司，如二手奢侈品公司 RealReal、知名女装海淘网站 Reformation 和有机食物外送公司 Sun Basket。我还加入了猫途鹰、爱立信和美国平价服饰品牌 Urban Outfitters 等大公司的董事会，这些公司都希望我能将个人的成功经验运用到它们的发展中，这些公司也给了我拓展管理技能的机会。

　　然而，尽管我们在 Joyus 取得了显著的成绩，但并没有创建出我所希望的视频电子商务公司。如果要用之前讨论过的五要素框架来分析原因，我将其归因于我们遇到的阻力（消费者还没有准备好接受此类电子商务，视频平台也没有用于此目的）以及我们做出的一些具体选择。我冒着再次成为创新者的风险，发现了一个利用高速发展的在线视频的新商业模式。然而，在 Joyus 存在的大部分时间里，可购物的视频对大多数用户来说仍然是陌生的。当时，唯一存在的大型视频平台 YouTube 仍然由年轻观众主导，专注于音乐和游戏，并采用品牌广告的商业模式。我们很难将大量的新观众吸引到视频商务上并从中获利。脸书视频、照片墙视频、色拉布（Snapchat）和抖音短视频国际版（TikTok）等视频平台还没有开展视频商务。总之，我们不得不在网络营销和定制合作关系上花费大量资金，以吸引那些想要观看和购买独特生活方式产品的女性观众。

　　随着时间的推移，这一挑战又导致了第二个挑战：在努力成为一家大型独立公司的过程中，如何平衡多个相互竞争的目标——包括高增长、卓越的客户体验和盈利能力。我想创建一个不同于 YouTube 或亚马逊的产品，但除了营销成本之外，我们选择保留自己的工作室和独家产品的目标也产生了影响。6 年来，我们拥有忠实的客户群，但仍在努力以经济高效的方式发展业务。

在 2016 年和 2017 年期间，我们采取了许多措施，以使 Joyus 长期生存，包括裁员、转向零库存模式等。事实证明，所有措施都不是那么有效，因为我们获得客户的成本仍然高于客户带来的价值。因此，在 2017 年 Joyus 将其品牌、客户和技术以低价出售给另一家私营公司 StackCommerce（StackCommerce 至今仍然经营着 Joyus）。

2020 年，大约在 Joyus 成立 10 年后，美国的一大批初创企业获得了进入视频商务领域的启动资金。很多人都在追求我们曾经拥有的梦想，希望利用照片墙、脸书和抖音短视频国际版上不断增长的视频观众所带来的巨大优势，推动视频购物的功能。与此同时，中国的拼多多成为一个价值数十亿美元的视频购物平台，为数百万人提供娱乐和团体折扣服务。

对我来说，在 Joyus 的工作经历苦乐参半。在 Polyvore 和 OpenTV 的失败都是短时间内发生的，而在 Joyus 的经历是通过多年的努力仍以失败告终（尽管期间也取得过一定的成就）。我们作为先锋和初创公司所取得的成绩，以及我个人作为首席执行官和电子商务专家的个人成长，让我比作为一个成功的大公司高管更有成就感和获得感。

尽管面对失败是一件困难的事，但不断分析失误的原因也是选择可能性的一部分。即使快要到达终点，小失败也会影响整体目标，但同时也使我们冒更大的险才可能成功。如果在执行过程中忽视了小失败，我们就不会及时调整行动来影响即将获得的结果。如果忽视了更大的失败，我们就浪费了把这一章的失误变成下一章的胜利的机会。我们也无法确切地知道，什么时候应该调整自己的行动，什么时候应该减少损失，什么时候应该继续做出下一个重要的选择。

影响控制的敌人

在审视导致负面结果的外部力量之前，我们首先应该审视自己，以及我们如何在无意中阻碍了自己前进的步伐。在我的职业生涯中，我发现了一些常见的"影响失败"，即我们未能做出的选择，而这些选择可能会在执行时绊倒佼佼者（见图 12 - 1）。让我们来举例说明。

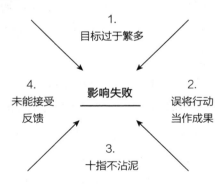

图 12 - 1　"影响失败"的选择

1. 目标过于繁多

2006 年，我的一位故人布拉德·加林豪斯（Brad Garlinghouse）给雅虎高层写了一份众所周知的备忘录——《花生酱宣言》（Peanut Butter Manifesto）。作为当时的高级副总裁，布拉德看到曾经伟大的硅谷巨头雅虎在试图扭转颓势的过程中举步维艰，他感到十分沮丧。依布拉德所见，雅虎潜力无穷，但它的关注点过于繁杂、过于分散，而不是有的放矢。对于个体来说，目标过于分散也会导致问题层出不穷。当我们同时追求太多目标，而没有在任何一个目标上取得进展时，问题就会出现。

对两个并行的宏大目标不做取舍，还要做到利益最大化，这是不可能的，就像你的老板要求你开发一种新产品或新服务时尽可能地降低成本、减少投资一样。Joyus 可购物视频是否盈利就是在商品价格和宣传视频浏览量转化率（对我们来说成本不断上升）之间进行的博弈。

如果我们想要有意义的结果，就必须控制复杂性，在给定的时间内将注意力限制在一两个关键目标上，并充分考虑两者之间的平衡性。

2. 误将行动当作成果

当我们忙碌时，可能会觉得自己正在取得切实的进展。但是，如果我们把重点放在紧迫而非重要的事情上，把活动本身当作成果，就无法将付出的努力引向有意义的结果。

当我查看简历或进行工作面试时，经常看到应聘者过分注重描述活动内容。专注于传递影响力的候选人可能会用这样的短语来描述他们以前的职位，比如"我帮助公司创造了……""我开发了一种新产品或新流程"或"我将销售额提高了 25%"。申请人可能会列出令他们印象深刻的前雇主，但也只是为了展示他们过去所"从事"的特定工作内容，或者他们"负责"担任职员 X 或职员 Y，或者他们"在处理特定产品的团队中"。虽然这样的描述应该是属实的，但这样的描述无法令面试官知道：通过参与各种团队或活动，面试者创造了哪些有形的结果；由于面试者的努力，他们的团队或组织如何变得更好。如果简历中充斥着描述活动内容和形式而不是活动结果的语言，那么面试者本身可能不是像我所描述的那样以产生影响为导向。

在工作面试中，我还观察到人们在被问及过去的失败时的反应。面试者会轻描淡写地谈论失败，给出一个"不失败"的答案吗？（"我的老板说我工作特别努力，对我们团队的成功充满热情。"）面试者是否只会开脱地说导致计划偏离正轨、免除自身责任的外部因素？或者他们是否给出了一个发自内心、深思熟虑的回答，准确地概述了他们做过但没有产生预期结果的事情，以及他们可能会在未来做出调整的事情？他们是否专注于事情的进展而不是失败的冲击，努力以有意义的方式讨论失败？面试者也不会具体地谈论他们学到的东西，往往将成功与忙碌混为一谈。面试者认为雇主想要"完美"的面试者，因此不敢承认自己存在的缺陷。面试者认为，承认自己的缺陷会降低被雇用的机会。而事实上，正视缺点反而会增加被雇用的机会。

3. 十指不沾泥

跳着华尔兹进入新环境不是很好吗？新环境正等着我们留下印记，创造积极的结果。只做我们喜欢做的事而不做其他的事，不是很有趣吗？遗憾的是，现实并非如此。如果希望在特定领域产生影响，我们发现自己需要进入新的环境，处理过往的人情世故，了结过去失败的尝试，应对其他的挑战。我们发现自己在做一些"令人兴奋"的事情，但同时也要处理一些隐藏的暗流。我们中的许多人进入新环境后都会躲避不太理想的情况，害怕招致不适或名誉受损。如果我们能够正视所有状况，找出需要解决的问题并加以解决，就会做得更好。

我曾描述过，我在运营谷歌亚太和拉美的国际业务时所扮演的角色是非常积极进取的，而且事实确实如此。我在接手了亚太和拉美国际业务的同时，还接手了谷歌其他具有挑战性的市场。这些挑战性的市场都是新兴市场，与我的同行管理的发达市场相比，新兴市场所在国家（或地区）的人均收入、在线普及率和在线广告预算都要低得多。除此之外，我们在中国、巴西、印度和东南亚大部分国家都面临着颇具挑战性的监管环境。另外，谷歌在中国、日本、韩国处于亏损状态，这与它在美国和西欧的运营状态截然不同。谷歌业务中的每个国家（或地区）都有自己的"特色"，而我的团队在广阔的地理范围内需要与所有国家打交道。与此同时，我的团队总是必须为申请充足的资源储备提供理由，经常需要与更大、更容易并且已经为公司赚钱的市场进行竞争。虽然竞争、忙碌和处理不同的"特色"是我们团队的"正常"状态，但在处理这些情况时我们还是会有挫败感。

当时，传奇高管教练比尔·坎贝尔（Bill Campbell）在谷歌内部花了很多时间来指导包括我在内的高管们。你应该听说过比尔：他是一名前橄榄球教练，以"万亿美元教练"而闻名，曾为史蒂夫·乔布斯（Steve Jobs）、埃里克·施密特（Eric Schmidt）等著名的领导者提供咨询服务。有一天，当我向比尔描述我目前的挫败感时，他怒气冲冲地看着我，并告诉我要为谷歌的团队"手指甲下都是污垢"而感到自豪。"手指甲下都是污垢"意味着我们正在处理棘手的问题并努力加以解决——解决问题不是一项简单的任务，而是一项至关重要的任务。脏指甲是你有影响力的标志，很难想象没有它们你怎么能够产生影响力。

4. 未能接受反馈

我们之前谈到，通过整合来自他人的反馈，可以帮助我们了解自己的超能力和氪星，并加入合适的团队。一旦我们开始行动，需要听取别人的观点来帮助我们减少与行动相关的风险——无论是与我们自己的非生产性行为还是其他因素有关。大多数人都害怕接受反馈，听到任何评论都会有戒心。傲慢也会让我们无法倾听他人的评价。当我们认为自己比其他人更了解自己时，就向同事和合作伙伴发出了自信的信号：我们更关心维持自我的人设，而不是产生结果。这种立场往往会让那些可能希望与我们合作的高绩效员工感到反感。如果我们能够放下傲慢和不安全感，邀请他人对我们的效率或方法进行反馈，成功的概率就会大幅提升。

影响的外部敌人

我们能够而且应该诊断和解决"影响失败",但如果不考虑使我们难以取得预期结果的外部力量,我们对挑战的分析就是不完整的。更大的逆境和更差的"人员匹配度"也是我们在做重大选择时需要评估的问题。我们必须不断评估,并在行动过程中不断调整。有些因素可能只会妨碍我们的短期表现,但另一些因素可能会威胁到我们的最终目标。此外,有些因素影响力非常强大,以至于我们试图绕过它们的任何调整都将是徒劳的。在面对外部环境时我们如何了解何时该继续抗争,何时该举手投降?

正如我们所见,行业或公司的顺境或逆境都可能为我们提供良好的职业发展机会。强劲、破坏性的逆境可能会诱使我们跳槽,但若在逆境时选择留下来并做出业绩,可能会让我们有机会承担新的责任和挑战,并感受工作的目标和意义。当逆境给我们施加了如此多的限制,以至于在很长一段时间内严重阻碍了我们的职业发展时,我们最好还是另谋出路,甚至可以考虑重新制定目标。

同样,当发现自己在一个效率低下的团队中工作时,我们可能也很难有较强的执行力。在这种情况下,我们必须准确地确定差距在哪里,以及我们是否能够填补它。当与优势互补、价值观相同的人一起工作时,我们会对冒点小风险、公开分享我们的担忧而感到非常满意。坦率和建设性的讨论有助于我们找到解决方案。如果我们不信任的团队成员对我们颐指气使,以上观点就更加正确。如果我们中的一个人"处于危险之中",并对共同点的热情不同,那么分享我们的担忧可能不会带来我们所寻求的积极变化。

我离开 OpenTV 和 Polyvore 的痛苦选择,都反映了我对价值观不匹配的深恶痛绝。在两种情况下(一种情况是与我的直接老板,另一种情况是与一位拥有大量公司股份、同时也是董事会成员的创始人),我更愿意坦诚地吐露自己的担忧,因为我感觉到了权力的不平衡。在每一个案例中,我都离开了公司,选择在一个全新的环境中追求同样的目标。在这两种情况下,我都做出了正确的选择。

危害最大的敌人

由于经历或环境的影响,所有人都会对某些人或群体形成先入为主的观念。近年来,各组织和高管教练一直致力于帮助人们克服偏见,以免影响决策和行动。即使偏见只会产生细微的影响,也已经够糟糕的了。当偏见上升到歧视和骚扰的程度时,就会从根本上威胁到一个人或一个群体,使其感到颇有压力并产生对抗情绪,同时也可能需要获得特权。在这种情况下,尽管本身颇具风险,但识别偏见、歧视或骚扰依然是至关重要的。

和其他来自不同背景的人一样,我个人也遭遇过歧视。当我看到更多针对他人的令人不安的歧视行为时,我的敏感度也在增强。我在加拿大安大略省的一个小镇上长大,我们家的成员是该镇上为数不多的锡克教徒。我父亲一生都戴着头巾,我的许多亲戚也是如此。我还记得，在当地的购物中心里，我们经常会听到嘘声。我们一家人去迪士尼乐园旅行时，沿途的几个州里也有人对我们持有敌意。在校车上，我和我的姐妹们偶尔也会听到种族歧视的话。不过，随着时间的推移，在大多数情况下，我避开了公开的歧视，我在学校、公司和日常生活中获得了足够多的机会。

随着我的职业生涯的发展，我强势的行事风格受到了肯定，我也取得了成功。在职业生涯早期，有一次在 OpenTV，我意识到了自己被认为具有攻击性。当我成为一名企业家和首席执行官时，我享受着越来越多的可能性，但我也开始注意到更多的微观偏见。作为董事会中唯一的女性，我会听到其他人"直截了当"地表达对我的负面观点。有一次，在我担任首席执行官期间，一位男性投资者由于担心我会受"女性情感"的影响，而不敢与我共同面对一个紧迫而困难的问题。尽管这些经历听上去都很令人沮丧，但和别人的经历相比，我的经历几乎可以不提。

2020 年 6 月，多年前曾与我一起共事的 Formstack 的创始人兼首席执行官埃德（Ade）发布了一篇博文，其中分享了他自己遭遇歧视的经历以及他应对歧视而不得不做出的改变：

> 我不认为歧视的根源是生活方式的不同。我几乎每时每刻都在思考歧视的原因，想到令人窒息。歧视是怎样出现在你根本想不到的事情中的，比如当我参加半程马拉松训练时。我从不在天黑后跑步。我如何选择衣服，才能让人们明白我只是一个跑步者，而不是一个在逃逸的黑人。如果我过马路的时候速度过快，会发生什么……我不会告诉你我为什么不只害怕那些内心充满仇恨的人，我更担心的是我不会受到体制的保护。

近几年，我认识的另一位女性苏珊·福勒（Susan Fowler），也公开分享了导致她辞职的令人震惊的经历，同时呼吁人们关注她 2017 年在优步（Uber）遇到的骚扰、歧视和企业阻力。来到优步公司并加入新小组后，她的新经理给她发信息，说他想找新的性伴侣。当苏珊将这一情况报告给人力资源部门后，她的职业前景受到了影响。尽管这位经理对女性犯下了罪行，但他却没有受到相应的惩罚。在入职后的一年时间里，苏珊受到人力资源部门的挤兑，受到直言不讳所带来的打击报复。迫于此，苏珊辞职了，同时她勇敢地写了一篇强有力的博客。阅读博文能够感受到苏珊的痛苦和公司的荒谬，公司的原始反应令人很难理解。但类似事件发生的频率远远超过我们的认知。事实上，至少还有一名叫英格丽德·阿文达诺（Ingrid Avendaño）的拉丁裔工程师勇敢地站了出来，以类似的指控起诉了优步，称优步的工作环境令人难以忍受，其中包括骚扰和歧视。

工作场所任何形式的偏见，尤其是歧视和骚扰，都可能令我们难以承受，更不用说产生的影响了。当这些情况关系到我们的经理或对我们有直接权力的人时，就更难应对了。在遭受这些伤害时，我们将面临具有挑战性的职业选择——大声说出来、忍气吞声或者离开公司。

如果我们所属的公司、文化和团体与我们的价值观保持一致，并且表现出愿意接受各级反馈（包括领导层）并采取行动去改变，那么我们很可能会为自己说话，改变处境，并继续发展事业。成功处理偏见带来的影响，需要表现出偏见的个人和整个组织都愿意尽早面对反馈并进行整改。当经历了表现偏见、直言不讳和拒绝改善的恶性循环后，我们可能就不想留在公司了，而是会寻求职业改变。

当我们目睹或体验到偏见直接伤害到的不仅仅是个人，还有更大的群体时，做出如何阻止偏见在工作中产生更大影响的决定同样困难。重申伤害行为可能产生更大的影响，这并不是我们想要的结果。要想成功地应对偏见带来的个人和声誉风险，个人、公司及其领导都需要真正的勇气。员工常常怀疑领导者是否真的能够接受被揭发和说实话，所以员工拒绝吐露真心。英国一项针对1400名员工的研究发现，超过一半的人目睹了种族主义行为，但只有不到20%的人说出了他们的所见所闻；在保持沉默的人中，有40%的人表示担心说出实情后会有不良的后果。

担心被报复的恐惧驱使大部分人将告密视为一种"单向门"类型的风险。我们认为说出自己的真实想法后继续留在原工作岗位持续发展的可能性很小，因为我们将遭遇报复。然而，说出真相所产生的影响是巨大的。苏珊·福勒的博文不仅在优步，甚至在整个科技行业内都带来了系统性的变革。

今天，我们有更多的渠道来畅所欲言、消除偏见，而且往往不需要在畅所欲言和保持沉默之间进行选择。例如，我们可以在在线论坛上留下员工评论，或者在新闻网站上匿名评论我们的公司。在公司内部，我们也可以邀请其他机构为公司带来积极变化。如果你喜欢自己工作的地方，希望看到它变得更好，你可以与同事团结起来，利用集体的力量来减轻个人风险，从而产生积极的影响。亚马逊、脸书和微软等公司都有大批的积极员工，他们崇尚公司的理念，喜欢工作的环境，但也大胆地呼吁改善员工的条件。

蓄势待发，伺机而动

如果我们的努力没有结果，我们应该何时知难而退呢？我们希望在努力和执行的所有重要章节中获得简洁和成功的结论，这种情况时有发生——我们实现了一个大目标，并自然而然地开始考虑推动下一个目标。我发现自己在谷歌就处于这种状态，当我升到了最高级别的领导层时，我就会梦想成为首席执行官。我们会不时地面临失败，但即使我们失败了，当充分反思失败的原因后，我们也能从中得到启示并继续前进，就像我在 Joyus 所做的那样。更困难的是处于中间阶段，即当我们取得了一定的成功，但又不确定是否应该做出重大突破的时候。

记住选择可能性的过程：我们冒着大大小小的风险，希望能够有更多的发现、认知或成就。我们开始迭代执行，做出更多有利的选择，以产生结果。当我们感觉无法从现在的工作中学习新的知识或技能时，现有的工作已经无法满足我们的进取心，这时候就要追求新的职业目标了。例如，我在 Yodlee 工作 5 年后离职了，因为我几乎担任过公司所有的职务。我不确定自己是否可以得到首席执行官的职位，而且我知道公司的发展速度还不够快，无法在未来一两年的时间内为我带来更大的机会。由于我渴望进一步加深我的专业知识并取得职业突破，所以我选择离职，另谋高就。

在其他情况下，我们可能会发现：我们取得了成果，得到了学习的机会，但长期以来仍然缺乏满足感。这通常也是一个提示信号，表明我们是时候做出新的选择了。我们都希望每天的努力不仅能够获得成功，还能给我们带来幸福感和使命感。只要我们的工作、初心和自我在很大程度上保持一致，并可以通过行动来产生影响力，即使在最艰难的时候，我们也能顺利过关。但是，当短期影响无法产生效果，或者当前的工作无法导向更大的目标时，我们就会觉得职业生涯好像飘忽不定。

这时，就可以用"五要素框架"来重新审视我们的目标、优势、兴趣和价值观，分析我们当前的选择是如何满足产生短期影响和实现更大目标这两种需求的。或许我们也应该再次承担一些新的小风险，以发现可能存在的其他可能性，进而帮助我们收获职业满足感。

当我在 Joyus 的时光结束时，我有机会就反思自己学到了什么，以及我的职业生涯将从那里走向何方。我对 6 年前成为初创公司创始人所冒的风险感到满意，而且我也发现自己渴望在下一个职业生涯篇章中将我的创业精神与大公司高管领导技能结合起来。因此，2017 年年底，我将自己的目标定位成一家大型电子商务公司的首席执行官。

顺利过渡

一旦你决定改变职业轨迹，就必须很好地完成这一过渡。我们可以通过保持头脑冷静，正确选择离开的时机，确保留下来的人能够最大限度地发挥他们的作用，从而减少我们离开造成的困扰。

1. 不要在离开之前离开

在谷歌工作期间，我的好朋友、前同事谢丽尔·桑德伯格向她的女同事们提出了一些很好的建议，提醒她们"不要在离开之前离开"。她指的是职业中期女性有了生育计划，甚至在怀孕之前就决定离职的趋势。我把她的建议传达给每位职场女性，敦促她们履职尽责，活在当下，直到真正离开。一旦我们决定改变职业轨迹，就会对当前的工作产生懈怠，梦想着下一步会发生什么，而忽视当前的目标。但做好收尾工作，意味着完成已经开始的工作，兑现对团队或公司的承诺。

2. 当心拖延的代价

虽然你应该把心思放在比赛上，但也不要让离开拖得太久。你最不想做的事就是以一个失败者的形象离开。你可能会在团队的努力中显得无足轻重，并在同事心中留下无益的印象。如果你表现良好，并试图达到一个短期的里程碑（例如，待到年底以获得年终奖，或者再过 60 天直到你获得股票期权），你的同事可能会理解你为什么选择留下。但是，如果你不知道下一步该做什么，说明你已经在精神上透支了很长一段时间。如果可能的话，保持忙碌、专注和高效，直到工作结束。

3. 给自己留下更多的机会

在离职过程中，我们需要做好交接工作。首先，我们可以通过为团队成员创造新的机会来培养他们的技能和能力，让他们在我们还在公司并能够提供支持的情况下取得成果。特别是，我们可以锁定那些缺乏完成工作的必备技能，但如果一旦得到指导就可能会马上成功的候选人。我们可以帮助这些同事获得新的技能和能力，培养他们做我们的接班人。这就像让同事帮我们做项目一样简单，给他们时间和空间去尝试新事物、犯错误和学习。帮助培养接班人不仅对接班人有利，而且还扩大了我们自己的影响力。

其次，我们也可以在公司内部提倡提前培养高绩效的员工，制订正式的过渡计划，让继任者在我们离开之前做好准备并开始工作。虽然所谓的"战场晋升"（在某人意外辞职后，公司让其他人在责任上得到大幅提升）十分有效，但如果我们能够做好交接并平稳过渡，继任者成功接替我们职位的概率就会提升。

最后，我们可以通过留下一个运转良好的团队和状况来最大化继任者的影响。这意味着我们要做一些平凡、吃力不讨好的工作，解决工作中比较棘手的问题，而不是自私地把问题丢给别人。在任何组织中，我都负责解决最糟糕的悬而未决的问题——与合作伙伴的长期争执、与重要的供应商未完成的谈判或提醒行为不良的团队成员——以便让新晋领导团队成员可以在新角色中有最好的开始。我们什么时候离开，谁会留下，以及我们留下了多少实用的名单，这些都严重影响着我们累积的影响力。

4. 迈出大步之前先试探几步

最大限度地发挥我们的影响力，直到最后一刻，这可能会让我们在过渡期疲惫不堪。同时，我们做出下一个选择时也会倍感压力。我见过许多人匆忙地从糟糕的情况中解脱出来，匆忙地做出下一个选择，只是为了防止一无所获。

如果你有能力在开始新工作或创业前休息一段时间——我称之为"中间步骤"——那就努力去这样做。很少有人会花费数周、数月甚至更长的时间，对除了自己以外的任何人负责，去自由地探索选择。如果你有探索的机会，请充分利用它。正如我所述，在我职业生涯的大部分过渡期，我都选择了短暂的"无所事事"，因为我相信自己总能找到一份工作，并希望有机会全身心地探索新的选择。根据你的财务状况，你可能会对"中间步骤"有所顾忌，或者你可能会担心在简历上留下数周或数月的空白。如果你犹豫是否需要停下来，并在大目标之间放个短暂的假期，那么就占用仅仅一两个星期帮助自己充充电，以便在新的岗位上蓄势待发。

当我们不知道下一步该何去何从时，我们只能采取"中间步骤"。如果把这段时间花在思考过去的成功和失败并吸取教训上，我们可能会获得实现下一个巨大成功所需要的洞察力。2013 年，当我的朋友亚当·扎巴尔（Adam Zbar）面临职业生涯的一个重大转折点时，他选择了"中间步骤"。在此之前，他曾是一名成功的管理顾问，创办了两家由风险投资资助的初创公司，最后将初创公司出售给了油管（YouTube）的创始人。他还以屡获殊荣的创新产品而小有名气。

2011 年，当我遇到亚当时，他刚刚成立了一家移动端的本地产品搜索公司，提供本地商店的库存情况。这项服务听起来很不错，但执行起来却比预期的困难得多。重新命名这款移动应用后，亚当决定以提供初始产品为主——葡萄酒、烈酒和零食，这将使他的产品有别于其他同类应用程序。虽然这种经营模式比之前的模式更有效，但规模经济的优势并没有得到发挥，这让亚当不得不处于选择的十字路口。

亚当没有望而却步，而是决定对自己这家公司做过的正确和错误的事情依次进行盘点。亚当意识到，他能够识别出早期市场潜藏的需求，并创造出全新的解决方案来满足这些需求。他积累了成为一名成功的硅谷首席执行官所必需的技能，包括筹集风险资本、组建团队和开发获奖产品的能力。然而，亚当缺少的是一个宏伟的商业模式，他从来没有花时间仔细思考过如何进行商业冒险。

尽管投资者向亚当施压让他迅速调整创意，但亚当还是强迫自己对下一个产品进行了更深入的思考。他熬夜试图想出一个符合三大标准的新产品创意：他必须对这个创意充满激情；这个创意必须满足一个前所未有的需求；这个创意必须开发出新的商业模式。在这段充满挑战的时期，亚当对这种模式取得的有限成功深感失望。他说，在一次徒步旅行中，他对当时的女友（现在的妻子）说，他已经"结束"了自己的企业家生涯。然而，说出这番话后，他突然萌生了一个想法，让他自己都感到惊讶。

在线个性化健康套餐服务的想法立刻满足了亚当的第一个标准——他对这个创意充满激情。作为科学家和心理学家的儿子，他非常关注健康问题。自从他通过为自己制作更健康的膳食来改变饮食习惯和生活方式以来，他深入地了解了健康膳食包。但是，在匆忙提出这个想法之前，亚当决定先解决业务的基本问题，包括市场规模、客户调研、单品收益和扩展计划。像许多企业家一样，他之前设计商业模式的目标是实现第一个百万美元的收入。而这一次，他设计出的商业模式在不到 3 年的时间里，让他赚了 1 亿美元。

亚当将这款新产品命名为"太阳篮子"（Sun Basket）。亚当和他的朋友泰勒（Taylor）觉得这个名字与新产品堪称绝配，因为所有美味、健康的食物都生长在阳光下。亚当想把阳光的理念、真正的有机食材和食谱卡片装进一个盒子里寄给顾客，这样顾客就可以在家做健康美味的饭菜了。在投入运营之前，亚当需要招募一个新的团队，因为他之前的团队已经解散了。在专注于创造新产品之后，亚当以联合创始人的身份邀请了一位顶级的旧金山餐厅企业家、屡获殊荣的旧金山厨师，以及一位长期创意合作伙伴。

有机食物外送公司 Sun Basket 终于成功了。用户们很喜欢这种产品，纷纷订购。该商业模式的实际运作情况比亚当预期的要好，从 2015 年该产品推出之日起，收入就呈爆炸式增长。到 2019 年，Sun Basket 的年营业额达到 3 亿美元，拥有员工 1000 多人。随着公司从一家食品科技公司转变为一家食品公司，亚当也从首席执行官转变为执行主席。2020 年，当新冠肺炎疫情暴发时，该公司迎来了前所未有的发展机遇。因为几乎整个美国都需要在线杂货店和食品配送的服务，食品配送到家就使家庭聚餐得以实现。

亚当为 Sun Basket 取得的成就感到骄傲。然而，他作为一个企业家的任务还没有结束。2020 年年中，他创办了一家名为

HamsaPay 的新公司。他现在才发现自己最喜欢创业这个过程。现在正是再进行一次创业的时候。

行动指南

- 通过分析失误，我们就可以不断地调整下一个选择和行动，这对选择可能性的实践至关重要。
- 最常见的"影响失败"是我们自己无法控制的：目标过于繁多、误将行动当作成果、十指不沾泥、未能接受反馈。
- 除了外部阻力和"人员匹配度"因素外，偏见是造成最大影响的外部敌人，阻止了个人或团体公平地获得可能性。

Chapter

13

第十三章

成长的路径

 离开 Joyus 后，我花了几个月的时间来评估几家大公司提供的机会，我本人最希望从事电子商务领域。虽然我对无法让 Joyus 取得巨大成功而感到失望，但我对自己事业的前景依然感到乐观，这要归功于我作为一名高效且有韧性的高管、企业家、投资者和董事会成员的整体业绩。当我得知全球票务公司 StubHub 的总裁职位空缺时，我很激动，因为 StubHub 是我熟悉和喜爱的品牌。在 Joyus 经历了多年的风险挑战之后，我已准备好领导一家成功且成熟的消费者服务公司，并帮助它进一步发展。

 我对 StubHub 了解得越多，就越感到兴奋。我遇到的 Stubbers（我们对 StubHub 员工的称呼）和我有着相同的价值观，都对现场音乐和体育运动充满热情。我将全面负责公司的运营，进一步塑造公司的文化，并在母公司易贝（eBay）的指导下制定公司的战略。易贝拥有 StubHub 已有近 10 年的时间。StubHub 的业务规模相当大，年营业收入超过 10 亿美元，门票年销售额接近 50 亿美元。尽管 StubHub 一直致力于改善客户体验，并为易贝

206

带来了稳定的利润，但作为总裁，我需要帮助 StubHub 拓展在新领域的业务。权衡利弊后，我同意加入 StubHub。这份工作肯定十分具有挑战性，我也预感到了与领导的执行力、行业竞争和母公司干扰优先事项等相关的职业风险。我的预感应该是正确的，我的职业发展过程中可能会出现重大的不可预见的风险。

在我上任的头几个月里，我和团队成员努力重组部分业务以提高效率，并开始投资新的产品和服务。我招募了一些新的领导者，他们的能力和价值观都与企业文化高度一致，同样他们也能从我们共同奋斗的事业中汲取能量。在我上任之前，我始终认为票务行业需要通过并购进行整合，这样 StubHub 就可以在其中发挥关键作用。现在我更加相信这一策略，并游说易贝的首席执行官允许我们收购其他票务公司。这样，我们就可以更有效地与主要竞争对手英国票务网站 Ticketmaster 和全球最大规模的演唱会推手 Live Nation 相抗衡。

在我的任期内，StubHub 的确实现了行业整合，但不是以我预想的方式。有两件大事改变了我们的规划，一件是"地铁"（我们可以预料到的事情），另一件是"椰子"（奇怪的、意想不到的事情）。2018 年和 2019 年，易贝面临着越来越大的来自股东的压力。由于易贝的增长速度落后于竞争对手亚马逊，并且营销成本上升，导致利润率受到了挤压。当我接手这份工作时，我已经仔细考虑过这些挑战（"地铁"），但我认为作为 StubHub 的领导者，我个人仍然可以茁壮成长并在行业内产生影响。在我看来，股东的压力甚至可能带来新的战略机遇，比如将公司剥离成独立的实体。我已经准备好承担这种类型的风险，因为这将直接体现我的工作能力，我也在雇佣合同里设置了如若公司出现合并或被收购的情况时的一系列保护措施。

一些市场专家预测，如果易贝不能提升增长和盈利能力，维权股东就会向该公司发起挑战，就像卡尔·伊坎（Carl Icahn）几年前所做的那样（导致在线支付服务商 Paypal 剥离为一个独立的公司）。在我来到 StubHub 不到 9 个月，果然发生了类似的事情。2019 年 1 月，激进分子入股易贝，加入董事会，并提议易贝出售 StubHub，以创造更多的股东价值。事态的发展并不像我所游说的那样——StubHub 不但没有收购其他玩家，而且董事会认为易贝应该将包括 StubHub 在内的非核心资产出售给另一家公司。我们将成为被收购的公司，而不是进行收购的公司。这对我在 StubHub 的角色有什么影响尚不明确。我的未来取决于谁收购了我们，我可能有机会负责公司的售后服务，但也可能失去一切。

在我入职一周年的时候，我和我的团队正在为 StubHub 长达数月的并购过程做准备。接下来的几个月，我们不得不向私募股权公司和其他票务公司推销 StubHub，试图说服它们收购 StubHub，同时努力在前景不明的情况下保持员工士气高涨，并执行我们的作战计划。最终，世界上最大的票务交易网站 Viagogo 的创始人兼首席执行官同意以超过 40 亿美元的价格收购 StubHub。Viagogo 的创始人也恰好是 StubHub 的原始创始人之一，他是一位连续创业者。2006 年，他以不太理想的条件离开了 StubHub，14 年后他十分得意地收购了老东家。

对易贝来说，这是一个创纪录的成交价，我和我的团队也因此获得了巨大的成功。但就我个人而言，结果令我失望。Viagogo的首席执行官想要取代我经营合并后的公司，于是我就无法在公司大展拳脚。由于我没有兴趣在合并后担任二把手，于是经过友好协商，我将在交易完成后不久离职。2020 年 2 月 13 日，出售过程宣告结束，我也为即将到来的离职做好了心理建设。

StubHub 被收购后，随之而来的是"椰子"——一个始料未及的事件。3 月 13 日，也就是在 StubHub 被出售一个月后，新冠肺炎疫情给美国娱乐业带来了沉重打击。一夜之间，全国各个体育联盟都推迟了赛季，赞助商和场馆取消了数千场计划中的活动。短短 7 天时间，StubHub 的票务销售额就从一个季度的 10 亿美元跌落至几乎为零。这一改变不仅规模巨大，而且史无前例。对我来说，最初的职业发展风险相对较低，只是职位的改变，但现在变成了一个高风险的情况，公司现在处在意想不到的危险之中。不管怎样，我得带领公司共渡难关。

如果像这样的危机早点来袭，我们就可以更好地渡过难关，因为我们身后依靠着像易贝这样的大型上市公司，有大量的现金储备可以动用。现在，StubHub 由另一家私营公司拥有，而且母公司本身也受到了疫情的严重影响。于是，我们的规模小了很多，并且面临行业停摆，整个业务随时都有可能被击溃。我现在不得不争分夺秒地让公司继续运营一段时间，直到线下娱乐行业成功复苏。

在 2020 年 3 月和 4 月之间，公司的领导团队和我迅速重组了

StubHub 的多个部门，并调整运营模式。首先，我们根据新冠肺炎疫情流行的具体情况调整了之前的政策，安抚了数千名愤怒的客户——他们要求立即返还已购暂停赛事门票的现金。我们公司的员工也追踪了成千上万的卖家，他们在自己的银行账户中持有对应金额的资金（因为在正常运营过程中，任何门票售出后，公司都会很快将现金汇给卖家）。我们竭尽全力，在网站上提供120%的积分，用于将来在某些州的门票购买和现金退款，并试图进行透明的沟通。可以理解的是，情况仍然不容乐观且充满挑战。当我们处理卖家、买家、联赛、场地等之间的混乱局面时，许多人仍然感到沮丧。

在这一切外部业务迅速推进的同时，我们也被迫快速调整内部成本。最艰难的决定之一是，鉴于业务量的急剧下降，我们需要解雇美国业务中大约三分之二的员工。尽管我们尽力提供合理的遣散费和其他资源，但也无法缓解人们所经历的混乱和痛苦。我们还推迟了所有非必要的计划，实质上是为公司创造一种全新的运营模式，争取维持生存的时间。

尽管做出变化十分困难，但我们还是排除万难建立了一个稳定且规模小得多的运营基地，以应对体育和娱业行业的无限期停业。由于时间紧任务重，每个人在改变的过程中都承受了巨大的压力。但在此情况下，整个公司齐心协力，表现出极大的灵活性、理解力和坚韧性。时至 2020 年 6 月，我们已经完成了大部分重组工作，包括大部分高管团队的裁员。现在也是我离开并开始新篇章的时候了。我确信，我已经帮助公司度过了当前的危机，并为其长期稳定发展奠定了基础。

虽然我无法预测到新冠肺炎疫情及其对 StubHub 的影响，做最后的决定也非常艰难，但我回顾了担任 StubHub 总裁的这段时间，从贡献率来看，我是成功的。我从没想过能在执掌公司期间创纪录地进行并购，也没想过在短短两年内就会失业，还没想过在我任职期间会出现极端风险和波动，但一切都出乎意料地悄然发生了。这也是让我再次选择可能性的时候。

真正的增长是周期性的

如果说我后来的职业生涯在某些方面听起来与我以前的经历相似，事实的确如此。正如我们所看到的，冒险的过程并不是从起点到终点以直线展开。我们个人成长的每一步都遵循着迂回的道路，因为成长过程中我们会期待机会，做出选择，推动结果，不断学习，处理预期之内和意想之外的事件，并做出新的选择。在人生旅途的各个阶段，我们反复地选择可能性。这看起来可能很混乱，但在整个职业生涯中，我们发现了一个模式：我们反复地上上下下，或者经历更大的冒险。大多数时候，我们希望积极地选择为了追求抱负而要承担的风险，但不可避免的是，我们也会在前进的道路上与新的风险和不确定性不期而遇。

如果我们继续专注于通过完成人生的每个章节来传递影响，通过迭代来解锁结果，终将在职业生涯中获得更大的结果（"成功"或"失败")。有时，我们意识到的职业回报与最初的预期完全一致，而有时则有所不同。当我们职业生涯的某一阶段告一段落时，无论是处在巅峰、低谷还是中间，我们都有机会再次做出选择。事实证明，职业生涯的成长就像一个正弦波，即我们承担风险，持续产生影响，对条件做出反应，收获更大的成果，然后再次承担风险。

我将自己的职业轨迹绘制成图（见图 13-1）。我从大学毕业，努力想找到一份好工作，但失败了。我最终去了美林证券，然后去了英国天空广播公司，在那里我建立了良好的声誉，取得了很大的成功。由于渴望成为一名企业家，我辞去了在英国天空广播公司的工作，搬到了加州。在 OpenTV 工作了一段时间后（以失败告终），我在硅谷的一家初创公司荣立公司取得了成功，后来去了亚马逊，然后创办了一家公司 Yodlee。这家公司最终上市了（这令我在职业上取得了成功，但没有在财务上取得成功）。然后，我冒着小风险去了谷歌，建立了数十亿美元的业务，并获得了巨大的经济回报。之后，我痛苦地从 Polyvore 离职（失败）。在接下来的 10 年里，我潜心于电子商务，成为 Joyus 的一名企业家（失败），成为电子商务投资人和董事会成员（成功）。作为 StubHub 的总裁，我实现了自己长久以来的抱负，即带领一家大型电子商务公司实现行业转型（成功），同时也度过了职业生涯中最大的危机之一。如今，随着时间的推移，我的职业生涯正呈上升趋势。我有更多的机会去领导、投资和提供建议，这是我从未梦想过的，我对此深表感激。

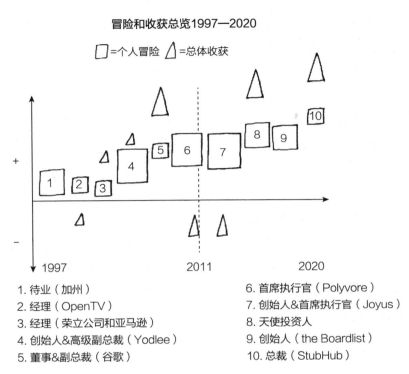

冒险和收获总览1997—2020

□=个人冒险　△=总体收获

1997　　　　　　　　2011　　　　　　　　2020

1. 待业（加州）
2. 经理（OpenTV）
3. 经理（荣立公司和亚马逊）
4. 创始人&高级副总裁（Yodlee）
5. 董事&副总裁（谷歌）
6. 首席执行官（Polyvore）
7. 创始人&首席执行官（Joyus）
8. 天使投资人
9. 创始人（the Boardlist）
10. 总裁（StubHub）

图13-1　我的职业轨迹

　　回顾这一切，由于我承担了更多的风险，因此我获得了更多的回报。但获得这些回报的途径、性质和规模几乎总是偏离我最初的想象，有时些许偏离，有时相去甚远。随着职业资本的积累以及对职业转折点的把握，我取得了一系列冒险和选择所释放的复合收益。随着时间的推移和更多的实践，我的直觉越来越强烈，我能够更好地预测已知风险。虽然我并没有完美地解决所有问题，但我更努力地保护自己免受不利因素的影响。我不再单纯地幻想有利因素，以至于当问题出现时措手不及。我还学会了克服自我风险，与其说是通过成功的经验，不如说是通过多次失败的教训。我知道我并不总是仅仅靠纯粹的欲望来取胜，这让我感到很自在。我知道如果冒险成功，至少可以产生有价值的影响。我遇到过不止一个我不想再经历的巨大"椰子"，即便如此，作为领导者我也更加敏捷、坚韧和自信地应对了问题。换句话说，我为再次选择可能性做了更充足的准备。

人们永远无法完全预测任何单一选择的结果。然而，如果我们愿意不断地做出选择，以产生影响的方式行动，无论是从错误还是过程中，我们都可以收获经验，也将在职业生涯中经历更多、更高的波峰。那些"失败"的决定会让我们的行动和周围的环境无法达到预期，我们也会经历更多的低谷。即使处在低谷，我们也会产生影响并收获难以置信的职业回报。这就是职业发展的真实情况（见图 13-2）。

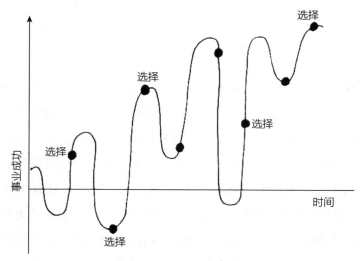

图 13-2 职业发展的真实情况

你还有什么资本可以失去？管理大师彼得·德鲁克（Peter Drucker）指出："不冒险的人通常一年会犯两个大错误。而那些敢于冒险的人通常一年也会犯两个大错误。"我不知道你怎么想，但我宁愿冒险去犯两个大错误，然后收获所有的回报。

正弦波无处不在

一旦我们意识到职业轨迹中存在正弦波，就会发现它们无处不在。当我们研究任何一个成功人士漫长的职业生涯时，即使外界只了解他们的巅峰时刻，但我们仍然能够发现他们都经历过起起落落和艰难困苦。为了证明我的观点，让我们重温斯泰西·布朗－菲尔波特的故事，回顾她事业的正弦波。

布朗－菲尔波特是科技界最杰出的女性领导者和黑人高管之一。最近，她出任跑腿兔的首席执行官。正如布朗－菲尔波特所述，她生长于底特律的一个普通家庭，由单身母亲和其他亲戚抚养长大。她所承担的第一个重大风险就是申请宾夕法尼亚大学沃顿商学院的本科学位，当时她已经获得了当地一所学校的全额奖学金。在不知道该如何支付沃顿商学院学费的情况下，她还是义无反顾地选择了沃顿商学院。她通过助学金、奖学金和兼职工作的方式完成了沃顿商学院的学业。

毕业后，布朗－菲尔波特成为普华永道会计师事务所的一名注册会计师，追求成为一家会计师事务所合伙人的目标。工作了两年后，她意识到自己并不想成为一名职业会计师。作为奖学金项目的一部分，她在高盛担任了一年的高级分析师，然后进入斯坦福商学院攻读工商管理硕士。2002 年毕业时，她没有做出返回高盛的安全选择，而是冒险加入了谷歌。这在今天听起来可能不算什么风险，但当时谷歌只有大约 1000 名员工，只是众多搜索引擎中的一个。此外，布朗－菲尔波特的头衔是"高级金融分析师"，低于斯坦福大学同龄人所接受的头衔。

在接下来的几年里，布朗－菲尔波特在公司的发展如鱼得水。2007 年，她承担了一个中等程度的风险，从财务部门成功转到运营部门。但这一转变也使她偏离了未来成为首席财务官的轨道。2009 年，她承担了更大的职业和个人风险，接受了前往印度领导销售和运营的机会。这次她要领导 1000 人，而不是 200 人。她将不得不处理与丈夫两地分居的局面，因为她的丈夫将留在加州。"一路走来，我冒了很多个人风险，但从来没有像现在这样繁多。我一定要和谷歌协商，以确保我和丈夫可以定期见面，减少可能给夫妻关系带来的风险。"事实证明，在印度的生活和工作是一次美妙的经历，无论是她在商业层面取得的成功，还是作为领导者的职业成长。她回忆说："我意识到，作为领导者，我必须更加善于鼓舞人心，而不仅仅是循规蹈矩。在印度的经历迫使我强化了同理心，成为一个更通情达理、行事风格更加人性化的领导者。"

回到加州后，布朗－菲尔波特选择运营另一个大团队，但她发现自己不安于此。"我对自己的要求不够严格。"她说，"我没有汲取任何营养。我的学习曲线变得平缓了。"为了让自己的职业生涯保持向上发展的势头，她在 2013 年冒了两次险，目标是成为一名 C 字头高管。首先，她辞去了谷歌高级主管的职位，当时谷歌已成为炙手可热的公司。其次，她选择加入跑腿兔担任首席运营官。尽管她接任了高管职位，但跑腿兔当时毕竟还是一家初创公司，因此存在固有风险。此外，硅谷的人认为跑腿兔不是一家具有潜力的初创公司。但布朗－菲尔波特还是选择去跑腿兔，因为她认同公司的使命。2016 年，在出任高管 3 年后，她成功出任跑腿兔的首席执行官。2017 年，布朗－菲尔波特成功地带领公司被全球家居零售商宜家（IKEA）收购，帮助这个标志性品牌进行数字化转型，适应新的零工经济。第二年，她被任命为 SB 机遇基金（SB Opportunity Fund）的创始成员。该基金由日本企业集团软银（SoftBank）创建，规模为 1 亿美元，用于投资有色人种创办的企业。

无论是斯泰西·布朗－菲尔波特、Sun Basket 的亚当·扎巴、旧金山巨人队的阿莉莎·纳肯、女孩编程俱乐部的拉什玛·萨贾尼、Rapid7 的科里·托马斯、脸书的尼克·格鲁丁，还是我有幸认识的其他几十位领导者，你都会惊奇地发现，她们拥有共同的职业成长模式。外界看来，他们的职业生涯似乎是在一个又一个高峰上平稳地发展。但仔细观察，你会发现一幅高低错乱的画面。在高峰之间，这些领导者经历了不同程度和不同时间跨度的低谷。尽管处于低谷非常痛苦，但这些低谷在他们整个职业生涯中起着推波助澜的重要作用。这些领导者们已经习惯了经历失败和成功。综观周围那些你崇拜的成功人士，仔细审视他们的职业生涯，你会发现他们成功和失败的正弦波。

思考频率

如果将职业生涯归结为一系列的周期，那么我们如何确保自己不会经历一系列连续的失败、长时间停滞不前，甚至一蹶不振呢？最可能的答案就是实践。我们必须敢于选择、坚持到底、交付成果，并从每个成果中总结经验。随着我们承担更多或大或小的风险，我们自然就会变得更加聪明，能够识别自身和环境的风险，预测机遇和挑战。冒险和其他有意义的努力一样，熟能生巧。

图 13-3 揭示了频繁冒险的结果，并将风险级别考虑在内。如果我们做出许多大小不同的选择（右上方的框），我们会承受相应的失败，当然会有小失败，至少也会有一两个大失败，但我们的成果仍然是遥遥领先的。即使所有的风险都很小，但我们承担了其中的风险（左上方的框），我们仍然会看到职业轨迹一路飙升。相反，许多人如左下方的框所示，害怕承担风险而停滞不前，结果是收获不多。如果我们发现自己处在右下方的框内，只承担一两个非常大的"单向门"风险，一旦失败就几乎没有弥补的选项。此时，我们就需要一艘成功的巨型火箭飞船来推动我们继续向上。

我不知道哪个领域的精英会拥有这种绝佳的运气。绝大多数成功人士还是会冒很多风险，才能从大大小小的回报中获益。全世界的人都认为他们是最大的赢家，但只有他们自己和最亲近的人才知道他们为此付出了多大的代价。

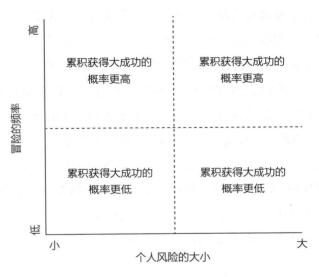

图 13 - 3　风险大小与冒险频率之间的关系

胜算概率的重要性

如果在冒险过程中能够拥有强大的"胜率"（借用金融交易的一个术语），我们就能让职业生涯步入正轨。我们希望事业上成功的总量（大致包括我们获得的积极结果的数量和规模）超过事业上失败的总量（大致包括我们损失的数量和规模）。成功不仅包括我们有意识地去实现的最大目标，还包括我们在努力的过程中取得的所有切实的积极影响。损失是能够显露的有形的负面结果，包括我们自己（或别人）的金钱、时间或精力的投资在很长一段时间内没有任何回报。

我们需要多高的胜率才能保持稳定的成功，并最终获得令人印象深刻的职业生涯？没有标准答案，因行业而异。一位业绩突出的汽车销售员的胜率大概是 20%（因为该行业的平均胜率约为 12.5%），而进行脊柱融合手术的医生可能至少需要取得 80% 甚至 90% 的患者满意度才会认为自己是成功的。在美国男子职业篮球联赛（NBA）中，顶级球员的投篮命中率超过 50%。例如，在 2020 赛季，联盟中真实投篮命中率排名前 100 位的球员，其命中率在 56% 到 72% 之间（该标准考虑了球员不同类型的投篮）。然而，在棒球比赛中，进入名人堂的球员在多个赛季中的平均击球率可能在 0.3 到 0.4 之间，这意味着每 10 个球只有 3 到 4 次安打。

要想走上成功的事业轨道，就不能过于在意每一步行动是否能够成功，而要不断地做出选择，争取一如既往地发挥影响力。随着时间的推移，我们在选择和发挥影响力方面会变得越来越英明。即使无法实现所有的大抱负，我们仍然可以在大量的选择中获得积极结果、做出更多贡献，这是所有人都有目共睹的不断积累的有形职业资本。除此之外，我们还拥有了之前讨论过的无形的超能力。如果我们继续选择，但未能始终如一地产生积极影响，那么我们的职业生涯可能会维持现状。比如，即使我们不太喜欢目前的工作也会坚守职责，或者即使无法充分发挥潜力，也会继续担任无足轻重的职位。

如果你的职业生涯刚刚起步，请注意：当你只做了几个选择时，很难衡量你的胜率。前一两次冒险让你感到失望，并不意味着你做错了什么或落后了。随着时间的推移，你必须不断冒险，并通过冒险积累足够高的胜率，从消极的经验中学到制胜的东西。正如之前所看到的，我们不需要在一开始就知道长期目标是什么，可以通过冒险和阶段性成果作为实现最终目标的一种手段。资深高管教练、管理咨询公司 Trium Group 的执行合伙人、《掌握你的代码》（*Master Your Code*）一书的作者达伦·戈尔德（Darren Gold）认为，"冒险是一个递归的过程，在这个过程中，你通过积累经验找到自己的目标和愿景。"如果没有经历足够多的成败，我们很难清晰定义概念，就像没有在深夜痛哭过的人不足以谈人生一样。

分散风险

正如我们所见，风险和回报之间的关系充其量是非线性的。有时候，小的选择会带来意想不到的大回报，而大的风险却很难保证会让我们赢得大的胜利。通常需要许多不同的选择才能取得一个更大的成功。如果将选择比喻成拳击，选择就是拳术的组合。当我们发现自己一遍又一遍地尝试同样的方法，却没有产生效果或取得成功时，我们就要改变自己的组合了。在众多的职业选择中，分散风险是一个明智的策略。

我使用几种不同的方式，分散了自己的职业风险。在我的职业生涯中，我选择在多个公司（初创公司、私营公司、上市公司等）和三个不同的行业（电子商务、媒体和科技）学习业务和积累经验。当创业风险较大时，我加入了规模较大的公司的董事会，以保障"执行技能"不受影响。在连续经历了两次创业

（Polyvore 和 Joyus）之后，我决定把我作为首席执行官的经验带到一家规模更大的公司，同时我需要在最高职位上做出"多样化"的努力。通过寻找各种各样的风险，而不是一遍又一遍地冒相同的风险，我们可以使胜率最大化，使未来的选择更具有灵活性。

掌握选择权

阻碍事业长期发展的真正障碍只有一个，不是失败，而是不作为——正如图 13 – 3 左下方的方框所示，我们会选择常规路线，这条路个人风险小、冒险概率低。为了实现抱负而择优冒险，把大目标分解成小目标，推动结果产生，敏锐地应对突发状况并采取下一步行动，这一过程能够让我们寻找可能性、发现新目标。随着我们的影响力、灵活性、弹性和信心的增加，也包括失败的经历的增加，我们收获了更多的回报——尽管与我们的想象会有出入。我们所要做的就是不断地进行选择和重复这个循环。比起任何错误的选择，不做选择才会让我们变得更加脆弱。正如哲学家塞内加（Seneca）所说："不是因为事情难以完成，我们才不敢冒险。而是因为我们不敢冒险，事情才变得困难。"

我们还应注意到，不作为的代价与日俱增。每拖延一个月或一年，我们最终能走多远就会受到更多的限制。不作为也不会让我们原地不动。在这个动荡的世界里，"地铁"和"椰子"之类的事件激增，无论我们是否冒险，都会不断地遭遇风险。如果我们没有预测、选择或更换工作，职业生涯可能会随着时间的推移而走下坡路。如果我们主动承担风险，即使在不确定的环境中，也能获得更多的自主权和控制权。如果我们不主动承担风险，我们就会任由他人摆布或受外部环境的控制。

当我们初入职场时，可能会因为害怕失败而拒绝冒险。我们可能会认为，害怕失败的恐惧感会随着时间的推移而减少。但事实是，恐惧感只会有增无减、变本加厉。当我们通过冒险获得更多的成功时，也会害怕因为一个重大选择而失去现有的舒适的生活方式，甚至害怕好不容易建立起来的自信心受到打击。即使可供选择的可能性增加了，也有可能会导致我们再次陷入困境。

如果你觉得自己过于安逸或厌恶风险，那就重拾你的根本原则。时刻提醒自己，我们是为了成长而冒险，即使失败了，也会找到更多备选项来进行恢复和弥补。在失败后重新振作起来的能力，会随着我们的成长而增强。通过所有选择带来的影响，我们建立了越来越强大的职业资本。

重塑自我

长期不断地选择可能性，给我们提供了多次进化和重塑自我的机会。我们可以把过去的职业拼图重新组合起来，以创造更大的职业机会。在重整的过程中，我们不仅重塑了职业，也重塑了自己。今天的网站设计师可能会成为明天的影响者、企业家或作家。今天的销售助理可能会成为明天的电子竞技经纪人、媒体高管或首席执行官。无论我们经历了高峰还是低谷，都要经历选择可能的过程。在选择和尝试的过程中，我们不仅要重新设定职业周期，还要拓展相应的能力。

帮助金州勇士队赢得 2015 年 NBA 总冠军的职业篮球运动员费斯图斯·埃泽利（Festus Ezeli）用了一个与众不同的比喻，来描述管理周期的同时再造自我的过程。当他在 StubHub 做演讲时，他描述了自己在成长过程中经历成败的曲折道路。他指出，在人生的不同章节，他不断地重塑自己。费斯图斯认为，在成长过程的每一个循环中，人人都有重塑自我的机会。

行动指南

- 真正的增长不是线性的，而是周期性的。
- 通过不断迭代和承担较小的风险来更快地创造结果，我们才能构建成功、完整的职业生涯。
- 冒险的频率和胜率是长期成功的关键。对于成功，最大的威胁是不作为。我们每个人都需要掌握选择权。

第十四章
可能性与能量流

当我给刚步入职场的新人做宣讲时，他们经常会问："作为过来人，你最想给年轻时的自己哪些建议？"我告诉他们，坚持选择可能性。我还想传达另一个观点：可能性和权力不是零和博弈。世界广阔，大有可为。

当事业刚刚起步时，我们倾向于将我们的职业视为一场机会和成功的巨大竞争。如果抓住了最好的机会，就会取得更多的成就。我们取得的成就越多，获得的经济回报和权力也就越多。随着我们变得更加强大，就能控制自己的命运，并对周围的事件、环境和人物施加更大的影响。但权力和可能性一样，似乎永远供不应求。通往获得权力和可能性的道路狭窄、漫长、艰巨，不适合胆小者去尝试。

我们的文化背景只会强化权力稀缺的概念。我们遥望着世界上最成功的商人、政治家和艺人，并认为他们凭借着自己的名气而变得强大。随着这些人聚集了更多的追随者，他们的影响力和财富也在增长，而且他们与我们的距离似乎越来越远。因此，我们经常把权力放在高高在上的位置，渴望自己有朝一日也能获得它。

当我开启职业生涯时，我相信可能性是有限的，必须先于他人抓住"最好的部分"。在毕业后那令人沮丧的几个月里，我花了无数个小时将自己与找到令人艳羡工作的同龄人进行比较。塞翁失马，焉知非福：我用竞争的方式去争取机会。但我的权力稀缺心态催生了不必要的怀疑，致使我质疑自我价值。我认为，如果有人更值得拥有这些可能性，那么我就没有太大希望去拥有它了。

恐惧随着我开始冒险和职业发展而渐渐消失，但新的恐惧出现了。我继续将自己与取得类似成功的同龄人进行比较，他们对自己的成就和影响力感到焦虑不安。最终让我更加自信的是，我的成功源于战胜了大大小小的失败。当我不断地选择可能性时，我开始感受到一种更深层次的责任感。我逐渐意识到，并不是我们所取得的成就让我们变得强大，而是我们不断冒险、创造影响和适应环境的能力让我们变得强大。在任何情况下，只要选择可能性，我们就能感觉到自己的强大，甚至是在失败的情形下。

正如精神导师加里·祖卡夫（Gary Zukav）所建议的那样，当你不把自己看作"一个被迫对环境做出反应的受害者"，而是"一个选择对环境做出反应的创造者"时，你就会充满斗志。如果我们把权力看作是通过冒险和创造成果来帮助我们塑造命运，那么世界就不需要赋予我们权力，也不能剥夺它。我们拥有与生俱来的力量，而且是绝对拥有。随着不断迭代，我们也会自发地产生更多的能量。我的自信随着我所承担的每一次风险、所取得的每一次成果以及所积累的每一次经验而增长。就像可能性一样，权力不是零和的，而是丰富多样的。

如果我们认为可能性和权力是稀缺的，那么我们不断选择和产生影响的自由将使我们从不健康的困扰和嫉妒中解脱出来。这些天来，我不再像以前那样关心别人是否认为我很强大，因为我认为自己能够做出选择，以敏捷的方式应对突发状况，并且在每次行动中都能获得知识，这才是最重要的。我更关心如何在接下来的一天、一周、一个月、一个季度或一年中发挥影响力，并将我的新旧影响力进行比较。

过去我自负地将权力与成就联系在一起，但现在我将权力与失败联系在一起，毕竟失败也是冒险的一部分。我认为，谦逊不是权力的对立面，而是宝贵的伴侣。我相信，我会经历多次失败，还会取得更多次成功。尽管我是一个喜欢冒险的人，但我对将要发生的事情和执行的情况的预测并不是尽善尽美的，因而我需要在前进的过程中不断学习和反思。当我看到其他人取得成就时，我相信他们正在沿着自己的正弦波增长，我很高兴看到他们在经历了无数次挑战后取得了成功。

我不知道有什么人或事是完美的。我只知道我们可以不断地选择不完美的方式，并产生影响。随着时间的推移，我们的成就会积累到足以引起人们的注意。而人们倾向于淡化或忽视我们的失败，将我们的成就称为"成功"，并将我们本身称为"强大"，同时观察我们对他人施加的影响。事实上，在我们取得"成功"之前，我们就很"强大"，而在"失败"之后，我们也将保持"强大"。我们将继续努力为自己创造可能性，通过每一次选择添加更多的动力。

　　回到刚才的问题，我会对年轻的自己说什么。答案是选择一个目标，然后做出选择，无论选择多么小，都要迅速执行，每次都以产生影响为目标。然后继续选择，因为你做的选择越多，你的获得感就越强，你成功的概率就越大。你不需要通过任何人或事物来证明自己的强大，是金子迟早会发光。

用能量流击败强大

　　人们很想知道，谁是我心目中的英雄。答案其实很简单。我心目中的英雄既不是一个亿万富翁，也不是一个改变世界的有创造力的梦想家。这个英雄改变了我的世界，也改变了与他不期而遇的所有人的世界。他就是我的父亲。他无疑是我所认识的最有影响力的人。他很好地体现并模拟了选择可能性的过程。

　　我的父亲从不哗众取宠，也不固执己见。他非常有人格魅力，是一个伟大的、眼里有光的故事讲述者。在我的脑海里，他永远是一个温柔的绅士，一个拥有无限耐心的人，一个倾听者而不是一个健谈者。比起别人对他的看法，他更关心自己在整个事件中的收获和成长。他壮志满怀，对一切可能性都持开放态度。他也会以一种安静、低调的方式做出选择。随着时间的推移，他承担了大大小小的风险，影响力也与日俱增。他在非洲过着优渥的生活，机缘巧合又在加拿大重建了生活，与我母亲一起开了一家诊所和一家小企业。在长达50年的职业生涯中，他创造了可观的财富，建立了良好的声誉，并取得了许多成就。他认为机会无处不在，生命中的一切都值得学习和尝试。

父亲不光成就了自己，他还做出了其他贡献。在他努力为自己和家人创建美好生活的同时，也将大部分的精力用于帮助他人激活潜能。父亲慷慨地把他的业余时间、美好赞誉、乐观心态和温暖举动奉献给他周围的人（他的病人、朋友），几乎覆盖了他遇到的每一个人。久而久之，人们争相和他相处，哪怕只有一分钟或一小时的时间。他们每次与父亲分别时，都会感到精力充沛、豁然开朗、踌躇满志。这大概是我父亲最大的天赋：帮助别人找到现在的定位和未来的方向。父亲不仅成就了自己，还成全了他人。

2000 年，在我父亲的葬礼上，我很幸运地听到了许多关于他如何潜移默化地将可能性传递给他人的故事。一位名叫鲍比（Bobby）的老朋友来看望我，并分享了他的故事。鲍比的父亲是我父亲在非洲最亲密的朋友之一，不幸的是，他的父亲在鲍比年轻的时候就去世了。有一年暑假，鲍比从英国来到加拿大，住在我家。鲍比和我家也是通过这次机会拉近了彼此的距离。

鲍比现在是一名医生，他告诉了我他和我父亲之间的一段小插曲。当时鲍比正在申请大学，打算主攻医学。他不确定自己是否应该追求这个梦想，于是向我父亲寻求一些来自长辈的建议。和往常一样，父亲的回答干脆直接。父亲握着鲍比的双手翻看着，然后微笑着看着鲍比的眼睛说："鲍比，这可是一双外科医生的手啊。"在这充满爱和肯定的瞬间，鲍比得到了他需要的答案，选择了这种可能性。

你身边是否有这样一类人，每当你在他身边的时候，他总是赋予你希望、带给你能量。通常来说，这样的人比比皆是。他们形形色色，来自各行各业，有可能是老板、邻居、阿姨、侄子、咖啡师等。当我们认识或遇见这样的人时，就会想方设法地接近他们。因为我们知道，这样的人能给他自己和我们带来可能性和生命力。

我喜欢把个人的能量看作是一种可再生能源，类似于太阳能或风能。由于稀缺性，我们从小就认为石油和天然气是世界上最珍贵的资源。今天，我们重视太阳能和风能，正是因为它们既丰富又可再生。个人力量也是可以不断再生的。当我们积极地选择可能性时，就可以不断地积攒能量。我们制造的能量越多，就越容易分配和分享它。比如，家里的太阳能电池板，它不仅能为自己家提供电力，而且还能为整个城市提供电力。同样，那些具备影响力的人也不会只为自己囤积能量，他们会让能量流向他人，以创造更大的效益。早在我真正认识到什么是能量流之前，我父亲就已经利用能量流取得了毕生的成功（见图14-1）。

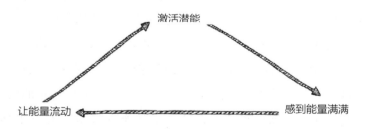

激活潜能

让能量流动 ← → 感到能量满满

图14-1 能量流

能量作为一种流动的概念似乎令人望而生畏，或让人觉得过于理想化。当我们为自己选择可能性的时候，我们也可以顺便做出一些小的选择，来帮助别人意识到他们自己的可能性并产生能量。比如，我们可以在会议上分享让每个人都受益的想法，公开赞同别人的想法，在别人向我们寻求建议时请他喝杯咖啡，自愿为别人的网站写一篇推介文，或者如果可以的话，写一张支票来资助和鼓励别人的梦想。当我们在为自己和别人加速可能性时，我们所产生的影响也会成倍增加。

通过修改系统解锁能量流

如果每个人内心都有一股强大的力量在等待着被释放，那么为什么还有那么多人连月底的房租都付不起，更别说实现梦想了呢？为什么我们会看到如此多的不平等和机会缺乏？

正如前文中讨论过的，在我们的职业生涯中，第一步是开启我们自己选择和冒险的实践，这样才能产生真正的影响，收获有意义的、积极的回报。但同时我们也看到，无论我们多么勤奋、聪明和善良，总是有更大的力量来挫败我们的努力。无论是疫情大流行还是颠覆性技术，来自外部世界的变化从未缺席，这些变化使一些群体受益，但也使部分群体经历了不可承受的打击。尽管每个人都在尽可能地选择和塑造自己的命运，但在宏观变化的同时，系统性的偏见会造成可能性的不平等分配。在为自己创造可能性并与他人分享能量的同时，我们必须更进一步，先在团队、公司或行业内部寻找机会，以解决潜在的系统性的不平等问题。

当我在 Joyus 工作时，我越来越适应系统性的性别不平等，特别是在我所从事的科技行业。我非常感谢硅谷给我提供的机会，但我知道，对于女性企业家和首席执行官的歧视、薪酬不平等、骚扰等故事都是真实存在的。我还记得我的第一份技术工作以及我收到的关于我的侵略性的负面评论。我注意到，女性在科技行业的困境正在成为新闻媒体热议的话题。许多观察家谴责了一种普遍存在的观念，即人们普遍认为科技行业是一个公平公正地为所有人提供可能性的地方。

不久前，我收到了一封来自 Joyus 领投者凯瓦尔·德赛（Keval Desai）的群发邮件。凯瓦尔对我和其他几位他成功投资的女性创始人和首席执行官说，他想知道我们中是否有人愿意分享个人的成长经历。我觉得女性领导者鲜少在对话中发声，于是我主动请缨。在接下来的一个月里，我在科技行业期刊和其他媒体上发表了一篇名为《科技女性选择可能性》（*Tech Women Choose Possibility*）的专栏文章。这篇文章由数十位女性创始人和首席执行官共同署名。在这篇文章中，我分享了自己对近 100 名科技行业女性领导者进行的一项调查的结果。

出人意料的是，84% 的读者表示他们会建议自己的女儿成为企业家。与此同时，几乎同样比例的人（86%）认为科技行业存在无意识的偏见，证据就是人们倾向于批评女性领导者"咄咄逼人"，或者期望和要求她们变得"可爱"一些。读者还表示，大约三分之二的女性亲身经历过无意识的偏见，三分之一的人曾受到过性骚扰。

基于这些数据，我发现：从事科技行业的女性之所以能够成长为企业家，是因为她们每天都在选择可能性。然而，女性无法在职业领域做出充分贡献，因为她们不得不对抗显而易见的偏见。女性也可以继续打造令人惊叹的公司，但科技行业首先需要肃清偏见，采取果断行动解决偏见给女性带来的困扰，让每位女性都能在职场中茁壮成长。

这篇专栏文章一经发表立即引起了热烈的反响。这一积极信号促使我重新认真思考自己的一些想法，即利用技术为硅谷带来变革。我确信，我们可以通过董事会来产生巨大、尚未开发、立竿见影的影响。最让硅谷引以为荣的是，这里诞生了许多才华横溢的女性高管（有些出身于工程师，有些不是）。但在初创公司或成熟科技公司的董事会中，女性成员却寥寥无几。如果我们能够很好地利用硅谷优秀而多样化的女性人才的力量，让她们更快捷、更频繁地进入董事会，我相信通过这样的顶层设计会有更好的公司业绩和企业文化。当被问及为什么没有更多的女性担任董事职位时，大多数男性首席执行官会说，女性人才的晋升渠道根本就不存在。他们声称，优秀女性领导者的数量不够多，首席执行官们也不知道如何发现她们。就此现象，我非常确信通过技术手段可以在短时间内纠正这种不正确的观念。

在这篇专栏文章发表后的 60 天内，我收集了一些来自网站的信息，创立了我的第三家公司——theBoardlist。充分的证据表明，当公司拥有多元化的领导层时，公司会有更好的绩效。theBoardlist 类似于一个简单的"人才市场"，专门负责给经验丰富的董事会成员推荐多元化的女性管理人才，并让优秀的女性管理人才获得进入董事会的机会。首先，我打开了我的客户通信录，询问了 30 位我认识的经验丰富的首席执行官和企业家确认他们是否愿意将认识的在董事会任职的女性管理人才的名字提供给我。这 30 个人都说愿意配合，就这样，theBoardlist 收录了 600

多名女性的信息。同时，我们将 theBoardlist 作为一个单一、值得信赖的来源向公司进行推广，为他们空缺的董事职位强烈推荐这些多元化的领导者。

在接下来的几年里，theBoardlist（作为我的副业，我现在仍然是 theBoardlist 的创始人和董事长）建立了一个小而精的全职团队，以及一个致力于解决董事会多元化问题的领导者群体。到 2020 年，theBoardlist 已拥有约 1.6 万名成员，包括推荐和搜索董事会人才的首席执行官，以及提名并获得进入董事会机会的杰出女性。theBoardlist 还为近 2000 家公司董事会搜索多元化的女性管理人才提供了便利，并成为建立多元化董事会和解决领导层不公平问题的权威声音。2020 年，我们还扩大了 theBoardlist 的平台，帮助优秀的有色人种管理人才获得更多进入董事会的机会，并获得了第一轮风险投资。每当我看到领导们在平台上推荐其他人或分享新的董事会搜索结果时，我就看到了汹涌的能量流，并受到鼓励而继续前进。

当第一次写那篇专栏文章的时候，我冒风险了吗？答案是肯定的。首先我树立了商业领袖的声誉，其次才是作为女性代表。在"性别视角"下，如果我一开始就被定型为女权代表，人们会对我有怎样的看法呢？如今，有时我会被打上女权主义的烙印，但通过不断冒险获得的自信让我明白，无论我走到哪里，我的辉煌业绩就是我的名片。用我的声音去呼吁创造一个公平的竞争环境，这一举动为我个人价值带来的回报远大于我在职业上付出的代价。

我无法预测 theBoardlist 的前景会如何，就像我无法预测我创办的其他公司的未来一样。没关系——我满足于关注迭代产生的影响，并且不再试图预测很久以后才会发生的事情。与我创建的任何公司相比，theBoardlist 有可能真正且系统地改变职场中机会和权力的分配，使每个人都实实在在地受益。如果梦想成为现实，这无疑是迄今为止我职业生涯中最有意义和最具价值的成就。

关于选择可能性的最后一个故事

如果你想了解如何释放自己的力量并帮助他人做到这一点，那么你最好去加州布伦特伍德市（Brentwood）的 Big House Beans 咖啡馆请教店主约翰·克劳斯（John Krause）。2020 年年初，我认识了约翰，我当时参与的一个非营利组织授予了他创业奖。虽然大多数成功的企业家都有一个引人注目的故事，但约翰的成功故事绝对与众不同。

4 岁的时候，约翰的父亲就死在了他的面前——父亲出了车祸，当时还载着约翰。约翰的母亲是一名严重的酗酒者，经常流浪在加州里士满（Richmond）的街头。不幸中的万幸，约翰有一位慈祥的祖母，他由祖母抚养长大。作为一个孩子，约翰努力地应对着所有的创伤。每隔一段时间，他就会发现母亲喝得酩酊大醉，在一座废弃的建筑里被殴打，或者在一家酒店外与其他过客挤在一起。有时她非常过分，醉得连约翰都认不出了。约翰不知道如何处理他的愤怒——他无处可去，他也很难适应学校的生活。"我觉得生活很艰难。"他说，"因为当你还是孩子的时候，你会觉得人们在校园里谈论你的妈妈或爸爸，那种感觉非常难受。"

12岁时，约翰开始和其他来自破碎家庭的孩子们宿醉。也是从那时起，他开始酗酒，并和小混混们在一起。"我的主要任务不再是学习。"他说，"我主要关注我们在课间要抽什么烟。"14岁时，他开始触犯法律。在接下来的16年里，他进出少年管教所、监狱，或因偷窃和其他罪行而入狱，一直持续到他30岁。当他没有被监禁的时候，他会保持清醒并工作一段时间。但很快他又会酗酒，也会再次走上犯罪之路，最后回到监狱。在这16年里，他总共在监狱里度过了12年，其中包括几乎整整一年的单独监禁。

转折点出现在2009年，也就是约翰在监狱里的最后一年。这一年，约翰的祖母去世了，在那之前，祖母一直是他的精神支柱。约翰有生以来第一次体会到完全没有了依靠的感觉。当他被刑满释放时，他知道自己必须做出决定了。要么让自己不再沉迷于酒精，痛改前非，重新做人。要么重操旧业，继续浑浑噩噩。摆在眼前的路无外乎这两条，要么维持原状，要么选择可能性。

他选择了可能性，决定改变。

2011年，在当地朋友的帮助下，约翰找到了一份回收餐馆废弃食用油的工作。那是一份脏活，报酬也不高，但至少还能维持生计。大约一年后，他和一位合伙人冒险成立了自己的废弃食用油收集公司。约翰和他的合伙人必须给投资者展示一份完整的商业计划，并让投资者相信他们可以经营好这家公司。约翰回忆道："我觉得我有令人难以置信的天赋。为了成功，我愿意做任何事情……我的一位导师教导我要持之以恒。他教会了我很多东西，其中最重要的就是接受被拒绝，因为这意味着你离同意又近了一步，并且还能从上次失败中吸取教训。"约翰认为这一课尤为重要，因为如果你不花时间反思并从错误中吸取教训，"你怎么会有底气再去冒一次险呢？"

约翰的冒险精神得到了回报。在一年半的时间里，他的生意取得了成功，销售额超过了50万美元。有生之年，约翰第一次体会到了稳定感。他拥有了6位数的收入、全面的医疗保险，成了家并获得了3个孩子的监护权。这3个孩子都是在他16年进进出出的牢狱生活期间出生的。约翰的冒险行为并没有结束，这才是个开始。

尽管约翰在生意场上取得了成功，但他和商业伙伴相处得并不融洽。意识到他们的合作关系不会长久，约翰决定做出改变。他爱上了新鲜烘焙的咖啡，并有了一个初具雏形的想法——自己创办咖啡馆。但他对咖啡行业一无所知，所以无法制订具体的执行计划。尽管风险重重，约翰最终还是决定把公司卖给合伙人，然后单干。

一夜之间，约翰没有了收入。他的妻子被"吓坏了"。约翰自己也感到了压力，但他并不沮丧。他从创业中学到了很多东西——如何改善现金流、提高销售额，如何完成令人印象深刻的事情，比如白手起家。想到可以靠自己的努力获得成功，他顿时信心倍增。他争分夺秒地制订商业计划，筹集资金。约翰说道，"我的梦想是用这家公司作为一个平台来分享我的故事，把人们聚集在一起，建立一个社区，为就业困难的人们创造就业机会。当然，我也会竭尽所能地去赚钱。这就是我的梦想。"

约翰花了 4 万美元买了一台烘焙机，自学了使用方法。2014 年，Big House Beans 诞生了，咖啡店的口号是"有目的地喝咖啡"。约翰什么事都亲力亲为——煮咖啡、包装、派送和销售。刚开始，生意并不好，但后来终于有了转机——约翰在全球短租民宿公寓预订平台爱彼迎（Airbnb）的企业自助餐厅开了一个专柜。到 2019 年，咖啡馆的销售额增长到了 100 万美元。于是，约翰开设了一家咖啡厅，并计划再开三家。

约翰很早就决定在 Big House Beans cafés 招聘以前被监禁过的男女员工。在努力实现自己的可能性的同时，约翰也下定决心要帮助和他有类似经历的人。正如 Big House Beans cafés 网站所解释的那样，该公司会雇用"最不受欢迎但工作努力的男女"，还将指导他们学会改善生活的工作技能。Big House Beans cafés 既是约翰的新生，也致力于让其他犯过错误的人涅槃重生——"通过重视多样性来孕育潜力"。Big House Beans cafés 的"主要目标"是"通过无条件的爱和机会赋予每个个体力量"。

约翰的故事很极端，但很有教育意义。约翰是白手起家的典型。事实上，他的开端要糟糕得多——在监狱里。当选择了可能性的时候，他释放了内心一种连他自己都不知道的力量。第一个选择之后产生了第二个选择，有的成功了，有的失败了。通过选择、影响、学习和更多选择的良性循环，约翰朝着他的梦想前进，享受着稳定、成功和幸福的生活。当他做出选择和影响自己命运的能力增强时，他感慨万分，他也因为能够帮助别人做同样的事情而感到欣慰。可能性并不稀缺，能量也不稀缺。如果我们开始寻找一个可能性，那么我们肯定就会找到另一个可能性。我们必须抓住第一次选择可能性的机会。

行动指南

- 可能性和能量是丰富的，而不是稀缺的。当我们始终如一地选择可能性时，不需要别人的帮助来让我们变得强大，而是可以自力更生。
- 最强大的人是赋予别人能量的人。
- 我们在为自己创造可能性的过程中，也有机会为他人创造可能性。同时，我们也可以在这个过程中扩大我们的影响。

致　谢

写一本书足以让人望而生畏,确保能够感谢所有让这一切成为可能的人更是难上加难。我会努力做到尽善尽美。

我要感谢我的丈夫西蒙（Simon）,我的孩子瑞安（Ryan）、肯亚（Kenya）和基兰（Kieran）,谢谢你们一直以来对我的支持,包括对我职业梦想的支持。我知道我对工作的热爱和激情,经常给我们的家庭生活带来压力。我再也找不到比你们更好的生活伴侣和孩子们了。每当我感到工作紧张的时候,只要和你们在一起,我就能重新找到生活的意义。我非常爱你们,我也对我们的家庭充满感激。

我要对已故的父亲、了不起的母亲以及我的姐妹尼基和尼塔（Neeta）说：谢谢你们在我生命中的每一天都鼓励我。自从我父亲去世后,我父母的挚友、我们的教会领袖巴伊·莫欣德·辛格（Bhai Mohinder Singh）对我来说就像父亲一样重要。自出生以来,伴随我的基本的安全感让我在生活中勇敢地做出选择。父亲给我上了特别的一课,而母亲则默默地向她所有的女儿们证明：我们不需要成为这个世界所期望我们成为的那样,而只需要做我们自己。无论以何种标准衡量，我的母亲都开创了她自己的职业道路。她打破了 20 世纪 50 年代印度的传统，将结婚生子推迟到了 30 多岁，并成为一名医生。我的父母也教导我，不应该将工作、激情和生活目标割裂开来。我们所做的事情、真实的自我以及我们对影响的渴望，都有可能在职业生涯中共同创造出真正的成就感。

所有允许我"加速"的教育者、领导者和职业导师，我无法用言语表达我的感激之情。很多人都给了我"做得更多，做得更好"的空间，而这正是我成长所需。虽然我只能在书中分享一部分与你们相关的故事，但我仍然非常感激你们所有人。

致我所有的同行、同事和团队成员：感谢你们容忍和包容我的工作强度和巨大的不完美，感恩我们一起在大大小小的公司里创造了奇迹。在职业生涯中，我有幸与你们这样一群非常有才华的人一起工作，同样你们也是非常有爱的人。能够每天和你们共事，我还有什么奢求呢？

我有幸拥有一群很棒的朋友，无论是发小还是最近结识的，他们一直默默地支持着我。感谢友谊和爱。我要特别感谢长期以来支持和帮助我做出许多职业选择的朋友，包括鼓励我写这本书的朋友。致我 33 年来最好的朋友英·鲁（Anh Lu）：感谢你能够永远跨越时区，冲破阻碍来倾听我的心声。感谢我过去 10 年的高管教练大卫·莱瑟：感谢你一直帮我寻找下一个可能性，无论是在顺境还是更有挑战性的时候。谢伊·凯莉是一位才华横溢的人力资源部门领导，也是一位富有洞察力和善解人意的朋友：谢谢你 20 多年前给我机会，在我无助的时候倾听我的意见。致我新结交的朋友奥瑞特（Orit）：我爱你的诚实和乐观！我永远不会忘记卖掉StubHub后，当我在旅行中分享了打算写这本书的秘密愿望时，是你鼓励我放手一搏，开启新旅程。

很多人在这本书的创作、出版和推广中发挥了举足轻重的作用。非常感谢金·斯科特（Kim Scott）、斯科特·加洛韦（Scott Galloway）和玛格达莱娜·耶西尔（Magdalena Yesil），感谢你们推介我的作品。感谢了不起的吉姆·莱文（Jim Levine），你是世界上最好的经纪人之一，非常感谢你接了我的第一个电话，并抽出时间听了我的故事。我永远不会忘记，在我们第一次见面时，你是多么迅速地了解到我父亲的独特性和他对我的影响。就在那一刻，我知道自己找到了出版这本书的最佳拍档。

塞思·舒尔曼（Seth Schulman），你是一位了不起的作家，尽管你本可以选择与其他优秀的潜力作家合作，但你仍然愿意在不到6个月的时间里指导我写作这本书。这绝对是一件有趣的事。你完全可以自己写整本书，独立完成的书可能会更有说服力，也会更高效。然而，你却选择帮助我构建整个过程，让我能够用自己的语言真实地写这本书，同时也倾注了你的专业知识来塑造、构建和编辑这本书，使它更加饱满。你的耐心和奉献精神贯穿了整个过程，如果我要再写一本书，还会需要你的指导。

致克里斯蒂·杨（Christie Young）和莫妮卡·维尔玛（Monika Verma）：谢谢你们帮助我用图片讲述我的故事。你们能够捕捉到我脑海中的想法，并以快速循环的方式有效地将其转化为插图，使这本书让读者感到更加鲜活。

感谢里克·沃尔夫（Rick Wolff）、奥利维亚·巴茨（Olivia

Bartz）和德布·布罗迪（Deb Brody）：谢谢你们从我第一次向你们推荐这本书的那天起就相信这本书一定能够成功。里克，谢谢你参与到每一章的写作之中，这是罕见的也是极其特殊的。奥利维亚，从初稿到最终发行，你一步一步地对这本书进行了精心指导。希瑟（Heather）和艾莉森（Alison），感谢你们辛苦地编辑这本书并将其投入生产。对丽莎·麦考利夫（Lisa McAuliffe）、塔林·罗德（Taryn Roeder）和安德里亚·德维尔德（Andrea DeWerd）来说，谢谢你们为宣传这本书所投入的精力，以及拉近和读者的距离。感谢马克·福蒂尔（Mark Fortier）和整个公关团队，你们成功地让这本书得以出版，并且收获好评。

致罗宾·哈维（Robin Harvie）以及麦克米伦出版社的整个团队，感谢你们相信这本书在全球范围内的潜力。我特别自豪的是，你们能够将书中的信息传递到我个人认为与之相关的世界各个角落，并且产生更大的影响。我还要感谢印度最大的电商平台Flipkart 的卡利安·克里斯纳穆尔西（Kalyan Krisnamurthy），感谢你为在我的故乡印度发行这本书而发出的铿锵有力的声音。

对于我单独接触并要求在书中分享你们故事的所有领导者，感谢你们同意参与其中。虽然我有幸认识你们，但在大部分情况下，你们只是从容地接受了我的正常邀请，并欣然同意参加。致尼基、阿莉莎、拉什玛、斯泰西、埃德、亚当、科里、尼克、西蒙、奥里特、大卫、谢伊、艾伦、达伦、丹尼尔、马塔伊、阿什文、费斯图斯、约翰和德布：感谢你们百忙之中鼎力相助。

致谢伊·凯莉、金·斯科特和斯托扬·斯托亚诺夫（Stoyan Stoyanov）：感谢你们作为本书读者所提供的宝贵反馈。虽然我希望在写这本书的时候能够实时观察整个世界，但从你们宝贵和多样的观点中受益也是极好的。谷歌前同事乔纳森·罗森伯格（Jonathan Rosenberg），你是一位了不起的作家，我要感谢你分享的关于如何成功发行和推销一本书的经验。致亚历克斯·达克斯（Alex Dacks）和吉恩－克里斯托夫·波普（Jean-Christophe Pope）：感谢你们成为我的创意合作伙伴，并帮助我围绕这本书的内容创建和撰写制定策略，使这本书通过各种渠道广受关注。

最后，如果我没有像父母教我的那样带着感激之情仰望苍穹，那就是我的疏忽了。我从小就相信，我们都是较大事物的一小部分。我的父母每天都在祈祷，以表达感激之情。时至今日，我的母亲一直在提醒我，要为我所经历的每一种可能性充满感恩。

妈妈，请不要担心！我会时刻铭记在心。

最爱你们的
苏克辛德